© Verlag Zabert Sandmann
München
1. Auflage 2015
ISBN 978-3-89883-469-8

Grafische Gestaltung	Georg Feigl, Irene Schulz, Jürgen Endriß (Netzwerk GbR)
Foodfotografie	Susie Eising (Eising Studio | Food Photo & Video)
Foodstyling	Monika Schuster, Michael Koch
Porträtfotos	Stefan Braun
Rezeptküche	Monika Reiter, Gerlinde Hans
Redaktion	Eva-Maria Hege, Martina Solter, Alexandra Gudzent
redaktionelle Mitarbeit	Kathrin Gritschneder
Vorwort	Rudolf Bögel
Herstellung/Lithografie	Jan Russok, Peter Karg-Cordes
Druck & Bindung	Mohn Media Mohndruck GmbH, Gütersloh

 Beim Druck dieses Buchs wurde durch den innovativen Einsatz der Kraft-Wärme-Kopplung im Vergleich zum herkömmlichen Energieeinsatz bis zu 52% weniger CO_2 emittiert.

In Zusammenarbeit mit dem Bayerischen Fernsehen
mit Lizenz durch die BRW-Service GmbH

Besuchen Sie uns auch im Internet unter www.zsverlag.de

Alfons Schuhbeck

Meine Festtagsküche

Inhalt

Vorwort	6
Familienfest	8
Feines fürs Büfett	40
Feiertagsküche	70
Feiern mit Freunden	102
Festliche Stunden zu zweit	140
Register	166
Wegweiser zur Sendung	168

Feines für jeden Anlass

Was wäre ein Sonntag ohne Braten, eine Familienfeier ohne Schmankerl und eine Party ohne ein gschmackiges Büfett? Bestimmt nix zum Lachen – und schon gleich gar nix zum Genießen. Was Besonderes zum Essen gehört einfach zu einem Festtag dazu! Mein Motto: Wenn man schon feiert, dann müssen auch die Geschmacksnerven auf der Party dabei sein.

Lassen Sie uns die Feste so feiern, wie sie fallen. Und wenn gerade kein Festtag ist, dann machen Sie sich den Tag einfach kulinarisch zu einem Festtag. Aber dazu braucht es zunächst eine vernünftige Planung. Überlegen Sie sich ganz genau, welchen Aufwand Sie für welchen Anlass treiben wollen. Ob ein Brunch unter Freunden, ein kleines Familienfestl oder ein Liebesmenü zu zweit: Braucht man ein Riesen-Büfett, dass sich die Tische und die Balken biegen? Oder reichen vielleicht auch ein paar kleinere Schmankerl, die witzig und mit Hingabe gemacht sind?

Dann denken Sie als Gastgeber doch auch ein bisserl an sich selbst. Ihre Gäste haben nichts von Ihnen, wenn der Sonntagsbraten fertig und das Büfett angerichtet ist, Sie selber aber erschöpft in der Küche sitzen und höchstens noch ein Butterbrot essen wollen. Daher mein Tipp: Eine gute Vorbereitung baut Stress ab und ist schon die halbe Miete.

Und dann sollten Sie vor allem auf die Qualität der Produkte achten. Grundsätzlich immer, weil man seinem Körper ja was Gutes tun will! Ganz besonders natürlich bei einem besonderen Anlass oder wenn man sich mal was gönnen will. Was nützt das schönste Rezept, wenn man nur lätscherte Zutaten hat? Geschmack ist immer auch eine Frage der Qualität, glauben Sie mir. Ihre Gäste werden es Ihnen danken.

Und nicht zuletzt brauchen Sie natürlich auch gscheide Rezepte, damit es nicht ausgerechnet am Hochzeitstag oder bei der Geburtstagsparty zu Verzweiflungstaten in der Küche kommt, wenn grad was nicht klappt.

VORWORT

Aber ich kann Sie beruhigen. Meine Rezepte haben schon ein paar Testläufe hinter sich, sie funktionieren aus dem Effeff und vor allem: Sie schmecken unbandig gut. Zur Sicherheit hab ich Ihnen immer ein paar Tricks und Tipps eingebaut, damit alles so gelingt, als ob es von mir selbst gekocht wäre.

Von der ganzen Gans bis hin zu Filetspitzen, von Austern bis zum Hummersüppchen, von der marmorierten Bayerischen Creme bis hin zur gegrillten Wassermelone: Ich mach Ihnen Festtagsküche für Genießer! Edles, aber auch Bodenständiges, a bisserl was Perlendes und a bisserl was Prickelndes. Auf jeden Fall lauter Sterneschmankerl zum Nachkochen. Denn wenn man es krachen lassen will, dann braucht man richtige Kracher und keine Kracherl.

Ihr Alfons Schuhbeck

Familienfest

Rinderbrühe mit Einlagen

Zutaten für 4 Personen

Für die Rinderbrühe:
800 g Suppenfleisch (z. B. Tafelspitz oder Rinderbrust)
1 TL Öl · Salz
1 Tomate
3 braunschalige Zwiebeln
120 g Knollensellerie
1 Karotte · 1 Petersilienwurzel
½ Stange Lauch · 1 Lorbeerblatt
1 TL schwarze Pfefferkörner
3 Wacholderbeeren
1 Scheibe Ingwer
½ Knoblauchzehe
gemahlene Kurkuma
1–2 Stiele Petersilie
2 Liebstöckelblätter
1 Streifen unbehandelte Zitronenschale
frisch geriebene Muskatnuss

Für die Schinkenknödel und die Brätstrudel:
½ Zwiebel
3 Eier · 50 g Speisequark
Chilisalz · Pfeffer aus der Mühle
frisch geriebene Muskatnuss
80 g gekochter Hinterschinken
150 g Toastbrot
2 EL Petersilienblätter (frisch geschnitten)
Salz
35 g Mehl · 100 ml Milch
1–2 EL flüssige Butter (lauwarm)
Butter zum Ausbacken
140 g Kalbsbrät · 3 EL Sahne
1 TL Dijon-Senf
1 Msp. abgeriebene unbehandelte Zitronenschale

1 Für die Rinderbrühe das Fleisch in einer Pfanne im Öl bei mittlerer Hitze rundum anbraten. In einem Topf 3 l Wasser (oder Rinderfond) aufkochen, das Fleisch hineinlegen (es sollte gut bedeckt sein) und leicht salzen. Zugedeckt knapp unter dem Siedepunkt 3 Stunden mehr ziehen als köcheln lassen, dabei aufsteigenden Schaum abschöpfen.

2 Inzwischen die Tomate waschen und vierteln, dabei Stielansatz und Kerne entfernen. 2 Zwiebeln schälen und vierteln, restliche Zwiebel ungeschält halbieren. Sellerie, Karotte und Petersilienwurzel schälen. Das ganze Gemüse nach 2 Stunden zur Brühe geben. Lauch putzen, waschen und mit Lorbeer, Pfeffer und Wacholder nach weiteren 30 Minuten dazugeben. Am Ende der Garzeit Ingwer, Knoblauch, 1 Prise Kurkuma, Petersilie, Liebstöckel und Zitronenschale hinzufügen. Fleisch und Gemüse mit dem Schaumlöffel herausnehmen. Sellerie, Karotte, Petersilienwurzel und etwa 200 g Fleisch für die Einlage klein schneiden. (Das übrige Fleisch anderweitig verwenden, z.B. für den Graupensalat auf S. 106.) Zwiebeln, Tomate und Lauch entfernen. Die Brühe durch ein Sieb abgießen und mit Salz abschmecken.

3 Für die Schinkenknödel Zwiebel schälen, in feine Würfel schneiden und in einer Pfanne mit 100 ml Wasser weich garen, bis die Flüssigkeit eingekocht ist. 2 Eier mit dem Quark glatt rühren und mit Chilisalz, Pfeffer und Muskat würzen. Schinken und Toastscheiben in ½ bis 1 cm große Würfel schneiden und beides mit Eiermasse, Zwiebel und Petersilie locker mischen. 10 Minuten ziehen lassen. Mit angefeuchteten Händen aus der Masse kleine Knödel (etwa 3 cm Ø) formen, in siedendes Salzwasser geben und knapp unter dem Siedepunkt etwa 12 Minuten ziehen lassen.

4 Für die Brätstrudel das Mehl mit 1 Prise Salz und Muskatnuss in eine Schüssel geben. Mit der Milch glatt rühren, übriges Ei unterrühren, zuletzt flüssige Butter hinzufügen. Den Teig mindestens 20 Minuten ruhen lassen. In einer kleinen Pfanne etwas Butter zerlassen. Den Teig darin portionsweise bei milder Hitze zu dünnen Pfannkuchen ausbacken, herausnehmen und abkühlen lassen.

5 Für die Füllung Kalbsbrät mit Sahne und Senf glatt rühren. Mit Salz, Pfeffer, Muskat, Zitronenschale und übriger Petersilie würzen. Pfannkuchen dünn mit der Brätmischung bestreichen und aufrollen. Jede Rolle erst in Frischhaltefolie, dann in Alufolie wickeln und die Enden bonbonartig verdrehen. In einem Topf ausreichend Wasser auf 90 °C erhitzen und die Strudel darin 10 bis 15 Minuten ziehen lassen. Aus der Folie wickeln und in Scheiben schneiden.

6 Etwas Muskatnuss in vorgewärmte tiefe Teller reiben. Schinkenknödel, Brätstrudel, Fleisch und Suppengemüse darin anrichten und die Brühe darübergeben.

Gebackener Rotbarsch mit Kartoffel-Gurken-Salat

Zutaten für 4 Personen

Für den Kartoffel-Gurken-Salat:
1 kg festkochende Kartoffeln
Salz · 1 kleine Zwiebel
1 Salatgurke · 6 Radieschen
350 ml Hühnerbrühe
3 EL Weißweinessig
1–2 TL scharfer Senf
mildes Chilipulver · Zucker
30 g braune Butter (siehe S. 112)
2 EL Schnittlauchröllchen

Für den Rotbarsch:
50 g Cornflakes
80 g Weißbrotbrösel
2 Eier · 1 TL Dijon-Senf
abgeriebene Schale von
1 unbehandelten Zitrone
50 g doppelgriffiges Mehl
(Wiener Grießler)
500 g Rotbarschfilet
mildes Chilisalz
Öl zum Braten · Salz

Außerdem:
einige kleine Salat- oder
Kräuterblätter zum Garnieren
4 unbehandelte Zitronenspalten

1 Für den Kartoffel-Gurken-Salat die Kartoffeln mit der Schale in Salzwasser weich garen. Abgießen und kurz ausdampfen lassen. Möglichst heiß pellen, in Scheiben schneiden und in eine Schüssel geben.

2 Die Zwiebel schälen und in feine Würfel schneiden. Die Zwiebelwürfel in einer Pfanne mit 100 ml Wasser weich garen, bis die Flüssigkeit eingekocht ist. Die Gurke schälen, die Radieschen putzen und waschen, beides in dünne Scheiben hobeln.

3 Für das Dressing die Brühe erhitzen, in einen hohen Rührbecher gießen und mit Essig und Senf verrühren. Mit Salz und je 1 Prise Chilipulver und Zucker würzen und 1 Handvoll Kartoffelscheiben mit dem Stabmixer unterrühren.

4 Das Dressing nach und nach unter die übrigen Kartoffelscheiben mischen, bis die Flüssigkeit vollständig gebunden ist. Zuletzt die braune Butter, Zwiebel, Gurke, Radieschen und Schnittlauch unter den Kartoffelsalat mischen.

5 Für den Rotbarsch die Cornflakes in einem Gefrierbeutel mit dem Nudelholz zu Bröseln zerkleinern. Mit den Weißbrotbröseln auf einen flachen Teller geben. Die Eier in einem tiefen Teller mit Senf und Zitronenschale gut verquirlen. Das Mehl in einen tiefen Teller geben.

6 Das Fischfilet waschen, trocken tupfen und nach Belieben in Stücke teilen. Mit Chilisalz würzen. Den Fisch zuerst im Mehl wenden, dann durch die verquirlten Eier ziehen und zuletzt in der Bröselmischung wenden.

7 Eine Pfanne bei mittlerer Temperatur erhitzen und so viel Öl hinzufügen, dass der Pfannenboden gut bedeckt ist. Die panierten Fischstücke darin auf beiden Seiten goldbraun braten. Auf Küchenpapier abtropfen lassen und nochmals leicht salzen.

8 Zum Servieren den Kartoffel-Gurken-Salat auf vorgewärmten Tellern anrichten und den gebackenen Rotbarsch dazusetzen. Alles mit Salat- oder Kräuterblättern garnieren und je 1 Zitronenspalte daneben anrichten.

Gebackener Rotbarsch mit Kartoffel-Gurken-Salat

Zutaten für 4 Personen

Für den Kartoffel-Gurken-Salat:
1 kg festkochende Kartoffeln
Salz · 1 kleine Zwiebel
1 Salatgurke · 6 Radieschen
350 ml Hühnerbrühe
3 EL Weißweinessig
1–2 TL scharfer Senf
mildes Chilipulver · Zucker
30 g braune Butter (siehe S. 112)
2 EL Schnittlauchröllchen

Für den Rotbarsch:
50 g Cornflakes
80 g Weißbrotbrösel
2 Eier · 1 TL Dijon-Senf
abgeriebene Schale von
1 unbehandelten Zitrone
50 g doppelgriffiges Mehl
(Wiener Grießler)
500 g Rotbarschfilet
mildes Chilisalz
Öl zum Braten · Salz

Außerdem:
einige kleine Salat- oder
Kräuterblätter zum Garnieren
4 unbehandelte Zitronenspalten

1 Für den Kartoffel-Gurken-Salat die Kartoffeln mit der Schale in Salzwasser weich garen. Abgießen und kurz ausdampfen lassen. Möglichst heiß pellen, in Scheiben schneiden und in eine Schüssel geben.

2 Die Zwiebel schälen und in feine Würfel schneiden. Die Zwiebelwürfel in einer Pfanne mit 100 ml Wasser weich garen, bis die Flüssigkeit eingekocht ist. Die Gurke schälen, die Radieschen putzen und waschen, beides in dünne Scheiben hobeln.

3 Für das Dressing die Brühe erhitzen, in einen hohen Rührbecher gießen und mit Essig und Senf verrühren. Mit Salz und je 1 Prise Chilipulver und Zucker würzen und 1 Handvoll Kartoffelscheiben mit dem Stabmixer unterrühren.

4 Das Dressing nach und nach unter die übrigen Kartoffelscheiben mischen, bis die Flüssigkeit vollständig gebunden ist. Zuletzt die braune Butter, Zwiebel, Gurke, Radieschen und Schnittlauch unter den Kartoffelsalat mischen.

5 Für den Rotbarsch die Cornflakes in einem Gefrierbeutel mit dem Nudelholz zu Bröseln zerkleinern. Mit den Weißbrotbröseln auf einen flachen Teller geben. Die Eier in einem tiefen Teller mit Senf und Zitronenschale gut verquirlen. Das Mehl in einen tiefen Teller geben.

6 Das Fischfilet waschen, trocken tupfen und nach Belieben in Stücke teilen. Mit Chilisalz würzen. Den Fisch zuerst im Mehl wenden, dann durch die verquirlten Eier ziehen und zuletzt in der Bröselmischung wenden.

7 Eine Pfanne bei mittlerer Temperatur erhitzen und so viel Öl hinzufügen, dass der Pfannenboden gut bedeckt ist. Die panierten Fischstücke darin auf beiden Seiten goldbraun braten. Auf Küchenpapier abtropfen lassen und nochmals leicht salzen.

8 Zum Servieren den Kartoffel-Gurken-Salat auf vorgewärmten Tellern anrichten und den gebackenen Rotbarsch dazusetzen. Alles mit Salat- oder Kräuterblättern garnieren und je 1 Zitronenspalte daneben anrichten.

Gebackener Rotbarsch mit Kartoffel-Gurken-Salat

Zutaten für 4 Personen

Für den Kartoffel-Gurken-Salat:
1 kg festkochende Kartoffeln
Salz · 1 kleine Zwiebel
1 Salatgurke · 6 Radieschen
350 ml Hühnerbrühe
3 EL Weißweinessig
1–2 TL scharfer Senf
mildes Chilipulver · Zucker
30 g braune Butter (siehe S. 112)
2 EL Schnittlauchröllchen

Für den Rotbarsch:
50 g Cornflakes
80 g Weißbrotbrösel
2 Eier · 1 TL Dijon-Senf
abgeriebene Schale von
1 unbehandelten Zitrone
50 g doppelgriffiges Mehl
(Wiener Grießler)
500 g Rotbarschfilet
mildes Chilisalz
Öl zum Braten · Salz

Außerdem:
einige kleine Salat- oder
Kräuterblätter zum Garnieren
4 unbehandelte Zitronenspalten

1 Für den Kartoffel-Gurken-Salat die Kartoffeln mit der Schale in Salzwasser weich garen. Abgießen und kurz ausdampfen lassen. Möglichst heiß pellen, in Scheiben schneiden und in eine Schüssel geben.

2 Die Zwiebel schälen und in feine Würfel schneiden. Die Zwiebelwürfel in einer Pfanne mit 100 ml Wasser weich garen, bis die Flüssigkeit eingekocht ist. Die Gurke schälen, die Radieschen putzen und waschen, beides in dünne Scheiben hobeln.

3 Für das Dressing die Brühe erhitzen, in einen hohen Rührbecher gießen und mit Essig und Senf verrühren. Mit Salz und je 1 Prise Chilipulver und Zucker würzen und 1 Handvoll Kartoffelscheiben mit dem Stabmixer unterrühren.

4 Das Dressing nach und nach unter die übrigen Kartoffelscheiben mischen, bis die Flüssigkeit vollständig gebunden ist. Zuletzt die braune Butter, Zwiebel, Gurke, Radieschen und Schnittlauch unter den Kartoffelsalat mischen.

5 Für den Rotbarsch die Cornflakes in einem Gefrierbeutel mit dem Nudelholz zu Bröseln zerkleinern. Mit den Weißbrotbröseln auf einen flachen Teller geben. Die Eier in einem tiefen Teller mit Senf und Zitronenschale gut verquirlen. Das Mehl in einen tiefen Teller geben.

6 Das Fischfilet waschen, trocken tupfen und nach Belieben in Stücke teilen. Mit Chilisalz würzen. Den Fisch zuerst im Mehl wenden, dann durch die verquirlten Eier ziehen und zuletzt in der Brösel-mischung wenden.

7 Eine Pfanne bei mittlerer Temperatur erhitzen und so viel Öl hinzufügen, dass der Pfannenboden gut bedeckt ist. Die panierten Fischstücke darin auf beiden Seiten goldbraun braten. Auf Küchenpapier abtropfen lassen und nochmals leicht salzen.

8 Zum Servieren den Kartoffel-Gurken-Salat auf vorgewärmten Tellern anrichten und den gebackenen Rotbarsch dazusetzen. Alles mit Salat- oder Kräuterblättern garnieren und je 1 Zitronenspalte daneben anrichten.

Kartoffelsuppe mit gebratenen Pilzen

Zutaten für 4 Personen

Für die Kartoffelsuppe:
600 g mehligkochende Kartoffeln
100 g Knollensellerie · 1 Karotte
800 ml Gemüsebrühe
1 Lorbeerblatt
1 Knoblauchzehe (in Scheiben)
2 Scheiben Ingwer
getrockneter Majoran · 200 g Sahne
je 1 TL ganzer Kümmel, Fenchelsamen und Korianderkörner
für die Gewürzmühle
frisch geriebene Muskatnuss
2 Liebstöckelblätter

Für das Pilzgröstl:
120 g gemischte Pilze (z. B. Champignons, Egerlinge, Pfifferlinge, Steinpilze, Semmelstoppelpilze)
1 Frühlingszwiebel
1 TL braune Butter (siehe S. 112)
mildes Chilisalz
1 Msp. abgeriebene unbehandelte Zitronenschale
1 TL Petersilienblätter
(frisch geschnitten)

Außerdem:
4 Scheiben Frühstücksspeck (in hauchdünnen Scheiben) · 1 TL Öl

1 Für die Kartoffelsuppe die Kartoffeln schälen und waschen, Sellerie und Karotte putzen und schälen. Die Kartoffeln und das Gemüse in ½ bis 1 cm große Würfel schneiden und mit der Brühe in einen Topf geben. Das Lorbeerblatt hinzufügen, die Brühe aufkochen und die Kartoffel- und Gemüsewürfel etwa 20 Minuten weich garen.

2 Knoblauch, Ingwer und 1 Prise Majoran zur Suppe geben und wenige Minuten ziehen lassen. Dann das Lorbeerblatt und die Ingwerscheiben wieder entfernen. Die Suppe vom Herd nehmen.

3 Ein Viertel der Gemüsewürfel mit dem Schaumlöffel herausnehmen und für die Einlage beiseitestellen. Das restliche Gemüse in der Brühe mit dem Stabmixer fein pürieren. Die Sahne dazugeben und die Suppe mit den Gewürzen aus der Mühle und Muskatnuss würzen. Die Liebstöckelblätter waschen, trocken tupfen, fein schneiden und in die Suppe rühren.

4 Inzwischen für das Pilzgröstl die Pilze putzen und trocken abreiben. Die Pfifferlinge gründlich putzen, falls nötig, waschen und trocken tupfen. Die Frühlingszwiebel putzen, waschen und schräg in 1 bis 2 cm große Stücke schneiden. Die braune Butter in einer Pfanne erhitzen und die Pilze und die Frühlingszwiebel darin bei mittlerer Hitze wenige Minuten anbraten. Mit Chilisalz, Zitronenschale und Petersilie würzen.

5 Die Speckscheiben jeweils in 3 Stücke schneiden. Eine Pfanne bei mittlerer Temperatur erhitzen und das Öl mit einem Pinsel darin verstreichen. Den Speck bei mittlerer Hitze auf beiden Seiten knusprig braten, herausnehmen und auf Küchenpapier abtropfen lassen.

6 Zum Servieren die Suppe in vorgewärmten tiefen Tellern anrichten, das Pilzgröstl darauf verteilen und mit dem Speck bestreuen.

Kräuterrahmsuppe mit Saiblingsnockerln

1 Für die Kräuterrahmsuppe die Kartoffel schälen, waschen und in etwa ½ cm große Würfel schneiden. Die Zwiebel schälen und in feine Würfel schneiden. Die Kartoffel- und Zwiebelwürfel mit der Brühe, dem Lorbeerblatt, dem Knoblauch und der Chilischote in einen Topf geben und etwa 15 Minuten weich garen.

2 Danach Chilischote und Lorbeerblatt wieder entfernen und die Kartoffel-Zwiebel-Mischung mit dem Stabmixer pürieren.

3 Den Spinat verlesen, waschen und in kochendem Salzwasser 1 bis 2 Minuten blanchieren. In ein Sieb abgießen, kalt abschrecken und abtropfen lassen. Das restliche Wasser mit den Händen gut herausdrücken und den Spinat klein schneiden. Die Kräuterblätter waschen und trocken schleudern.

4 Den Spinat mit den Kräuterblättern in die Suppe geben, diese mit dem Stabmixer pürieren und die Sahne unterrühren. Die Suppe erhitzen und die kalte Butter mit dem Stabmixer unterrühren. Zuletzt die Suppe mit Chilisalz, Zitronenschale und Muskatnuss würzen.

5 Für die Saiblingsnockerl das Fischfilet waschen, trocken tupfen, in Würfel schneiden, salzen und 5 Minuten ins Tiefkühlfach stellen. Die Fischstücke mit Senf, 1 Prise Chilipulver und etwas Muskatnuss in den Blitzhacker geben und kurz mixen, bis eine Bindung entsteht. Nach und nach die Sahne in kleinen Portionen hinzufügen, dabei darauf achten, dass die Sahne immer erst vollständig mit dem Fischfleisch vermischt ist, bevor erneut Sahne hinzugefügt wird. Die Fischfarce ist fertig, sobald sie glatt und glänzend ist.

6 In einem Topf Salzwasser erhitzen. Mit zwei nassen Teelöffeln aus der Fischfarce kleine Nockerl formen und im Salzwasser knapp unter dem Siedepunkt 8 Minuten gar ziehen lassen.

7 Zum Servieren die Kräuterrahmsuppe nochmals kurz mit dem Stabmixer aufschäumen, in vorgewärmten tiefen Tellern anrichten und die Saiblingsnockerl darauf verteilen.

Zutaten für 4 Personen

Für die Kräuterrahmsuppe:
ca. 70 g mehligkochende Kartoffel
½ Zwiebel
1 l Hühnerbrühe
1 Lorbeerblatt
1 Knoblauchzehe (in Scheiben)
1 kleine getrocknete rote Chilischote
100 g junger Blattspinat · Salz
100 g gemischte Kräuterblätter
(z. B. Basilikum, Dill, Estragon, Kerbel)
200 g Sahne · 30 g kalte Butter
mildes Chilisalz
1 Msp. abgeriebene unbehandelte Zitronenschale
frisch geriebene Muskatnuss

Für die Saiblingsnockerl:
150 g kaltes Saiblingsfilet
Salz · ½ TL scharfer Senf
mildes Chilipulver
frisch geriebene Muskatnuss
150 g eiskalte Sahne

Mein Tipp

Diese Suppe lässt sich sehr gut einige Stunden im Voraus zubereiten. Damit sie dabei ihre charakteristische, frische grüne Farbe erhält, sollte man den blanchierten Spinat sowie die Kräuter allerdings erst kurz vor dem Servieren in die Suppe mixen. Die Farce für die Saiblingsnockerl hält sich sogar bis zu 1 Tag im Kühlschrank.

Gebackener Rotbarsch mit Kartoffel-Gurken-Salat

Zutaten für 4 Personen

Für den Kartoffel-Gurken-Salat:
1 kg festkochende Kartoffeln
Salz · 1 kleine Zwiebel
1 Salatgurke · 6 Radieschen
350 ml Hühnerbrühe
3 EL Weißweinessig
1–2 TL scharfer Senf
mildes Chilipulver · Zucker
30 g braune Butter (siehe S. 112)
2 EL Schnittlauchröllchen

Für den Rotbarsch:
50 g Cornflakes
80 g Weißbrotbrösel
2 Eier · 1 TL Dijon-Senf
abgeriebene Schale von
1 unbehandelten Zitrone
50 g doppelgriffiges Mehl
(Wiener Grießler)
500 g Rotbarschfilet
mildes Chilisalz
Öl zum Braten · Salz

Außerdem:
einige kleine Salat- oder
Kräuterblätter zum Garnieren
4 unbehandelte Zitronenspalten

1 Für den Kartoffel-Gurken-Salat die Kartoffeln mit der Schale in Salzwasser weich garen. Abgießen und kurz ausdampfen lassen. Möglichst heiß pellen, in Scheiben schneiden und in eine Schüssel geben.

2 Die Zwiebel schälen und in feine Würfel schneiden. Die Zwiebelwürfel in einer Pfanne mit 100 ml Wasser weich garen, bis die Flüssigkeit eingekocht ist. Die Gurke schälen, die Radieschen putzen und waschen, beides in dünne Scheiben hobeln.

3 Für das Dressing die Brühe erhitzen, in einen hohen Rührbecher gießen und mit Essig und Senf verrühren. Mit Salz und je 1 Prise Chilipulver und Zucker würzen und 1 Handvoll Kartoffelscheiben mit dem Stabmixer unterrühren.

4 Das Dressing nach und nach unter die übrigen Kartoffelscheiben mischen, bis die Flüssigkeit vollständig gebunden ist. Zuletzt die braune Butter, Zwiebel, Gurke, Radieschen und Schnittlauch unter den Kartoffelsalat mischen.

5 Für den Rotbarsch die Cornflakes in einem Gefrierbeutel mit dem Nudelholz zu Bröseln zerkleinern. Mit den Weißbrotbröseln auf einen flachen Teller geben. Die Eier in einem tiefen Teller mit Senf und Zitronenschale gut verquirlen. Das Mehl in einen tiefen Teller geben.

6 Das Fischfilet waschen, trocken tupfen und nach Belieben in Stücke teilen. Mit Chilisalz würzen. Den Fisch zuerst im Mehl wenden, dann durch die verquirlten Eier ziehen und zuletzt in der Bröselmischung wenden.

7 Eine Pfanne bei mittlerer Temperatur erhitzen und so viel Öl hinzufügen, dass der Pfannenboden gut bedeckt ist. Die panierten Fischstücke darin auf beiden Seiten goldbraun braten. Auf Küchenpapier abtropfen lassen und nochmals leicht salzen.

8 Zum Servieren den Kartoffel-Gurken-Salat auf vorgewärmten Tellern anrichten und den gebackenen Rotbarsch dazusetzen. Alles mit Salat- oder Kräuterblättern garnieren und je 1 Zitronenspalte daneben anrichten.

Brathendl mit Kopfsalat und Radieserln

Zutaten für 4 Personen

Für das Brathendl:
1 Hähnchen (ca. 1 ½ kg; küchenfertig)
mildes Chilisalz · 3 Stiele Petersilie
je 3 Streifen unbehandelte Zitronen- und Orangenschale · Salz
60 g braune Butter (siehe S. 112)
2 Knoblauchzehen (in Scheiben)
2 Scheiben Ingwer
½ ausgekratzte Vanilleschote
½ Zimtrinde
5 angedrückte Kardamomkapseln

Für den Kopfsalat:
100 ml lauwarme Gemüsebrühe
1 EL Zitronensaft
½ TL scharfer Senf
2 EL mildes Olivenöl
1 EL Minzeblätter (frisch geschnitten)
Salz · Pfeffer aus der Mühle
Zucker · 1 Kopfsalat
½ Bund Radieschen

1 Für das Brathendl den Backofen auf 160 °C vorheizen. Auf die mittlere Schiene ein Ofengitter und darunter ein Abtropfblech schieben. Das Hähnchen innen und außen waschen und trocken tupfen.

2 Die Bauchhöhle mit Chilisalz würzen und die Petersilienstiele sowie je 1 Zitronen- und Orangenschalenstreifen hineinlegen. Das Hähnchen mit Salz würzen, auf das Ofengitter setzen und im Ofen 1¼ Stunden garen. Danach die Backofentemperatur auf 200 °C erhöhen und das Hähnchen noch 20 bis 25 Minuten knusprig braun braten.

3 Inzwischen die braune Butter in einer Pfanne erwärmen und Knoblauch, Ingwer, Vanille, Zimt, Kardamom und übrige Zitronen- und Orangenschalen hinzufügen. Alles wenige Minuten ziehen lassen und mit Chilisalz würzen. Das Hähnchen etwa 5 Minuten vor Ende der Garzeit mit der Gewürzbutter bestreichen. Die restliche Gewürzbutter zum Schluss daraufstreichen oder das Brathendl damit beim Anrichten beträufeln.

4 Für den Kopfsalat die Brühe mit Zitronensaft, Senf und Olivenöl verrühren. Die Minze unterrühren und das Dressing mit Salz, Pfeffer und 1 Prise Zucker würzen.

5 Den Kopfsalat putzen, in einzelne Blätter teilen, waschen, trocken schleudern und in mundgerechte Stücke zupfen. Die Radieschen putzen, waschen und in dünne Scheiben hobeln.

6 Zum Servieren das Brathendl tranchieren und auf vorgewärmte Teller verteilen. Die Salatblätter und die Radieschen mit dem Dressing marinieren und daneben anrichten.

Mein Tipp

Vorbereitung ist die halbe Miete: Sorgen Sie daher dafür, dass Sie ausreichend braune Butter für die Herstellung der Gewürzbutter im Kühlschrank haben. Auch das Dressing lässt sich ausgezeichnet vorbereiten und hält sich zugedeckt im Kühlschrank mehrere Tage. Den Kopfsalat putzen, waschen, trocken schleudern und in einer Frischebox zusammen mit den geputzten, gewaschenen Radieschen im Kühlschrank aufbewahren. Beides hält sich so bis zu 1 Tag frisch. Zur Fertigstellung nur noch die Radieschen in dünne Scheiben hobeln und mit den Salatblättern und dem Dressing marinieren.

Farfalle mit Tomaten-Basilikum-Sauce

Zutaten für 4 Personen

Für die Tomaten-Basilikum-Sauce:
350 g pürierte Tomaten
(aus der Dose)
80 ml Gemüsebrühe
1 geriebene Knoblauchzehe
1 Msp. geriebener Ingwer
50 g mildes Olivenöl
mildes Chilisalz
Pfeffer aus der Mühle · Zucker
etwas frisch geriebene Zimtrinde

Für die Nudeln:
400 g Farfalle (oder Spaghetti)
Salz · 3 Scheiben Ingwer
200 ml Gemüsebrühe
1 Handvoll Basilikumblätter
4 EL geriebener Parmesan

1 Für die Tomaten-Basilikum-Sauce die pürierten Tomaten mit der Brühe in einen Topf geben und erhitzen.

2 Knoblauch und Ingwer hinzufügen und das Olivenöl mit dem Stabmixer unterrühren. Die Sauce mit Chilisalz, Pfeffer, 1 Prise Zucker und einem Hauch Zimt würzen und knapp unter dem Siedepunkt 3 bis 4 Minuten ziehen lassen.

3 Für die Nudeln die Farfalle in kochendem Salzwasser mit dem Ingwer etwa 3 Minuten kürzer, als auf der Packungsanweisung angegeben, garen. In ein Sieb abgießen, abtropfen lassen und den Ingwer entfernen.

4 Die Brühe in eine große tiefe Pfanne gießen, die Nudeln dazugeben und 1 bis 2 Minuten kochen, bis sie fast die gesamte Flüssigkeit aufgenommen haben. Die Tomatensauce hinzufügen und das Ganze erhitzen. Die Basilikumblätter kleiner zupfen oder schneiden.

5 Zum Servieren das Basilikum unter die Nudeln mischen und gegebenenfalls noch etwas nachwürzen. Die Nudeln auf vorgewärmten Pastatellern anrichten und mit Parmesan bestreuen.

Mein Tipp

Die Tomatensauce kann nach Belieben variiert werden. Zum Beispiel zusätzlich mit ½ bis 1 TL getrocknetem Oregano würzen. Diesen mit Knoblauch und Ingwer in die Sauce geben.
Oder 1 Bund Rucola (etwa 50 g) verlesen, waschen, trocken schütteln und klein schneiden, dann mit dem Basilikum unter die Nudeln ziehen.
Oder 150 g gewürfelten gekochten Hinterschinken zum Schluss unter die Nudeln ziehen und kurz erwärmen.
Für eine Tomaten-Zucchini-Sauce ½ Zucchino (etwa 100 g) putzen, waschen und in kleine Würfel schneiden. 100 g Cocktailtomaten waschen und halbieren. Zucchino und Tomaten mit der Tomatensauce zu den Nudeln geben und darin erhitzen. Am Ende der Garzeit 1 EL Kapern und 2 EL kleine, entsteinte Oliven untermischen.
Wer das Gericht vorbereiten möchte, lässt die Nudeln nach dem Abgießen etwas ausdampfen und vermischt sie mit 2 EL Olivenöl. So halten sie sich in einer Frischebox gekühlt mehrere Tage und können nach Belieben auch portionsweise entnommen werden. Auch die Tomatensauce hält sich bedeckt mehrere Tage im Kühlschrank. Zum Servieren die Nudeln in der Brühe erhitzen und wie beschrieben fertigstellen.

Lasagne mit Spinatblättern

1 Für die Béchamelsauce die Butter in einem großen Topf zerlassen und das Mehl darin wenige Minuten unter Rühren dünsten. Dann die Brühe und die Milch mit dem Schneebesen unter Rühren hinzufügen und erhitzen.

2 Die Zwiebel schälen. Das Lorbeerblatt mit den Gewürznelken auf der Zwiebelhälfte feststecken. Die gespickte Zwiebel zur Béchamelsauce geben. Alles unter Rühren langsam zum Kochen bringen und die Béchamelsauce bei sehr milder Hitze 10 bis 15 Minuten köcheln lassen. Zum Schluss Thymian, Knoblauch und Ingwer hineinrühren und wenige Minuten ziehen lassen. Dann Zwiebel und Thymian wieder entfernen und die Sauce mit Salz, 1 Prise Chilipulver und Muskatnuss würzen.

3 Für die Bolognese Zwiebel und Karotte schälen, Sellerie putzen und waschen. Alles sehr klein würfeln. Das Öl in einem Topf erhitzen und die Gemüsewürfel darin bei milder Hitze kurz andünsten. Das Hackfleisch hinzufügen und so lange braten, bis das Fleisch zerkrümelt und seine rosa Farbe verloren hat. Mit Wein ablöschen, Tomatenmark unterrühren und die Sauce noch 10 Minuten einköcheln lassen.

4 Dosentomaten und Brühe dazugeben und die Sauce etwa 1 Stunde unter gelegentlichem Rühren mehr ziehen als köcheln lassen. Am Ende der Garzeit Oregano hinzufügen, Knoblauch und Zitronenschale dazugeben, 5 Minuten in der Sauce ziehen lassen und wieder entfernen. Mit Salz, Pfeffer und je 1 Prise Zucker und Chilipulver würzen.

5 Den Backofen auf 175 °C vorheizen. Eine tiefe, rechteckige ofenfeste Form mit Butter einfetten. Die Spinatblätter verlesen, waschen und trocken schleudern. In kochendem Salzwasser 1 Minuten blanchieren. In ein Sieb abgießen, kalt abschrecken und abtropfen lassen. Den Spinat mit den Händen gut ausdrücken und die Blätter etwas auflockern. Die Lasagneblätter in Salzwasser bissfest vorgaren.

6 Ein Viertel der Béchamelsauce in der Form gleichmäßig verteilen, mit 3 Lasagneblättern bedecken und mit einem weiteren Viertel der Béchamelsauce bestreichen. Zuerst die Hälfte der Spinatblätter, dann die Hälfte der Bolognese darauf verteilen. Mit 3 Lasagneblättern belegen, ein Viertel der Béchamelsauce, den restlichen Spinat und das übrige Fleischragout darauf verteilen und mit Lasagneplatten abschließen.

7 Die restliche Béchamelsauce mit Sahne und Emmentaler verrühren und die oberen Lasagneblätter damit bestreichen. Die Lasagne im Ofen auf der mittleren Schiene etwa 50 Minuten goldbraun backen. Herausnehmen und vor dem Servieren etwas abkühlen lassen.

Zutaten für 4 Personen

Für die Béchamelsauce:
60 g Butter · 60 g Mehl
400 ml kalte Gemüsebrühe
400 ml kalte Milch
½ kleine Zwiebel
1 Lorbeerblatt
2 Gewürznelken
1 Thymianzweig
1 Knoblauchzehe (fein gerieben)
1 Msp. Ingwer (fein gerieben)
Salz · mildes Chilipulver
frisch geriebene Muskatnuss

Für die Bolognese:
1 Zwiebel · 1 Karotte
1 Stange Staudensellerie
1 EL Öl
350 g Rinderhackfleisch
150 ml kräftiger Rotwein
3 EL Tomatenmark
500 g stückige Tomaten
(aus der Dose)
200 ml Hühnerbrühe
½ TL getrockneter Oregano
2 Knoblauchzehen (geschält und halbiert)
1 Streifen unbehandelte Zitronenschale
Salz · Pfeffer aus der Mühle
Zucker · mildes Chilipulver

Außerdem:
Butter für die Form
200 g Blattspinat · Salz
9 Lasagneblätter · 100 g Sahne
120 g geriebener Emmentaler

Brathendl mit Kopfsalat und Radieserln

Zutaten für 4 Personen

Für das Brathendl:
1 Hähnchen (ca. 1 ½ kg; küchenfertig)
mildes Chilisalz · 3 Stiele Petersilie
je 3 Streifen unbehandelte Zitronen- und Orangenschale · Salz
60 g braune Butter (siehe S. 112)
2 Knoblauchzehen (in Scheiben)
2 Scheiben Ingwer
½ ausgekratzte Vanilleschote
½ Zimtrinde
5 angedrückte Kardamomkapseln

Für den Kopfsalat:
100 ml lauwarme Gemüsebrühe
1 EL Zitronensaft
½ TL scharfer Senf
2 EL mildes Olivenöl
1 EL Minzeblätter (frisch geschnitten)
Salz · Pfeffer aus der Mühle
Zucker · 1 Kopfsalat
½ Bund Radieschen

1 Für das Brathendl den Backofen auf 160 °C vorheizen. Auf die mittlere Schiene ein Ofengitter und darunter ein Abtropfblech schieben. Das Hähnchen innen und außen waschen und trocken tupfen.

2 Die Bauchhöhle mit Chilisalz würzen und die Petersilienstiele sowie je 1 Zitronen- und Orangenschalenstreifen hineinlegen. Das Hähnchen mit Salz würzen, auf das Ofengitter setzen und im Ofen 1¼ Stunden garen. Danach die Backofentemperatur auf 200 °C erhöhen und das Hähnchen noch 20 bis 25 Minuten knusprig braun braten.

3 Inzwischen die braune Butter in einer Pfanne erwärmen und Knoblauch, Ingwer, Vanille, Zimt, Kardamom und übrige Zitronen- und Orangenschalen hinzufügen. Alles wenige Minuten ziehen lassen und mit Chilisalz würzen. Das Hähnchen etwa 5 Minuten vor Ende der Garzeit mit der Gewürzbutter bestreichen. Die restliche Gewürzbutter zum Schluss daraufstreichen oder das Brathendl damit beim Anrichten beträufeln.

4 Für den Kopfsalat die Brühe mit Zitronensaft, Senf und Olivenöl verrühren. Die Minze unterrühren und das Dressing mit Salz, Pfeffer und 1 Prise Zucker würzen.

5 Den Kopfsalat putzen, in einzelne Blätter teilen, waschen, trocken schleudern und in mundgerechte Stücke zupfen. Die Radieschen putzen, waschen und in dünne Scheiben hobeln.

6 Zum Servieren das Brathendl tranchieren und auf vorgewärmte Teller verteilen. Die Salatblätter und die Radieschen mit dem Dressing marinieren und daneben anrichten.

Mein Tipp

Vorbereitung ist die halbe Miete: Sorgen Sie daher dafür, dass Sie ausreichend braune Butter für die Herstellung der Gewürzbutter im Kühlschrank haben. Auch das Dressing lässt sich ausgezeichnet vorbereiten und hält sich zugedeckt im Kühlschrank mehrere Tage. Den Kopfsalat putzen, waschen, trocken schleudern und in einer Frischebox zusammen mit den geputzten, gewaschenen Radieschen im Kühlschrank aufbewahren. Beides hält sich so bis zu 1 Tag frisch. Zur Fertigstellung nur noch die Radieschen in dünne Scheiben hobeln und mit den Salatblättern und dem Dressing marinieren.

Tafelspitz mit Rahmspinat und zweierlei Kren

Zutaten für 4 Personen

Für den Tafelspitz:
1 TL Öl · 1 ½ kg Tafelspitz · Salz
3 Zwiebeln (mit brauner Schale)
200 g Knollensellerie · 1 Karotte
1 kleine Lauchstange
2–3 Petersilienstiele (ohne Blätter)
½ TL schwarze Pfefferkörner
3 Wacholderbeeren · 1 Lorbeerblatt
1 halbierte Knoblauchzehe
1 Scheibe Ingwer · Fleur de Sel
Pfeffer aus der Mühle

Für den Rahmspinat:
800 g Babyspinat
ca. 150 ml Gemüsebrühe
200 g Sahne
1 Knoblauchzehe (in Scheiben)
½ ausgekratzte Vanilleschote
Salz · milde Chiliflocken
frisch geriebene Muskatnuss

Für den Apfelkren:
1 Apfel · 1 Spritzer Zitronensaft
2 TL frisch geriebener Meerrettich
(oder Tafelmeerrettich
aus dem Glas)
Zucker · Zimtpulver

Für den Semmelkren:
80 g Toastbrot · 100 ml kalte Milch
1 EL Sahnemeerrettich
(aus dem Glas)
1 EL geschlagene Sahne
1 Msp. abgeriebene unbehandelte
Zitronenschale
Salz · Pfeffer aus der Mühle
Zucker · 1 EL Schnittlauchröllchen

1 Für den Tafelspitz das Öl in einer große Pfanne erhitzen und den Tafelspitz darin bei mittlerer Hitze rundum anbraten.

2 In einem großen Topf 3 l Wasser aufkochen, den Tafelspitz hineinlegen und darauf achten, dass das Fleisch gut mit Wasser bedeckt ist. Mit etwas Salz würzen und den Tafelspitz mit geschlossenem Deckel bei milder Hitze knapp unter dem Siedepunkt 2 ½ bis 3 Stunden mehr ziehen als köcheln lassen, bis das Fleisch weich ist. Den dabei aufsteigenden Schaum abschöpfen.

3 Eine Zwiebel ungeschält halbieren. Die restlichen Zwiebeln, Sellerie und Karotte schälen, den Lauch putzen, längs halbieren und gründlich waschen. Die Petersilienstiele waschen. Das Gemüse in grobe Stücke schneiden und mit den Petersilienstielen und den ungeschälten Zwiebelhälften nach 1 Stunde zur Brühe geben. Pfefferkörner, Wacholderbeeren, Lorbeerblatt, Knoblauch und Ingwer etwa 30 Minuten vor Ende der Garzeit dazugeben.

4 Für den Rahmspinat den Spinat verlesen, waschen und trocken schleudern, grobe Stiele entfernen. Gut die Hälfte des Spinats in der Brühe erhitzen, die Sahne angießen und nur kurz köcheln lassen. Alles in einen hohen Rührbecher geben und mit dem Stabmixer pürieren. Zurück in den Topf geben und die restlichen ganzen Spinatblätter hinzufügen. Knoblauch und Vanilleschote dazugeben, einige Minuten darin ziehen lassen. Die Vanilleschote wieder entfernen. Den Spinat mit Salz, 1 Prise Chiliflocken und Muskatnuss würzen.

5 Für den Apfelkren (Apfelmeerrettich) kurz vor dem Servieren den Apfel schälen, auf der Gemüsereibe bis auf das Kerngehäuse grob raspeln und sofort mit Zitronensaft und Meerrettich mischen. Mit jeweils 1 kleinen Prise Zucker und Zimt würzen.

6 Für den Semmelkren das Toastbrot entrinden und in kleine Würfel schneiden. In eine kleine Schüssel geben und die Milch darüberträufeln. Etwas durchmischen und kurz ziehen lassen. Den Sahnemeerrettich und die geschlagene Sahne dazugeben und alles gut verrühren. Den Semmelkren mit Zitronenschale, Salz, Pfeffer und 1 Prise Zucker würzen und mit den Schnittlauchröllchen garnieren.

7 Zum Servieren den Tafelspitz aus der Brühe nehmen und quer zur Faser in etwa ½ cm dicke Scheiben schneiden. Die Fleischscheiben auf vorgewärmten Tellern anrichten, mit Fleur de Sel und Pfeffer würzen und etwas Brühe darübergießen. Den Spinat, Apfel- und Semmelkren dazu reichen. Dazu passen knusprige Bratkartoffeln (siehe S. 32).

Geschmorte Kalbshaxe

1 Zwiebeln, Karotte und Sellerie schälen und in 1 bis 1½ cm große Stücke schneiden. Eine Pfanne bei mittlerer Temperatur erhitzen und das Öl mit einem Pinsel darin verstreichen. Das Gemüse darin bei mittlerer Hitze andünsten.

2 Den Puderzucker in einen Topf stäuben und hell karamellisieren. Das Tomatenmark unterrühren und kurz anrösten. Mit dem Wein ablöschen und sirupartig einköcheln lassen. Mit der Brühe auffüllen und das angedünstete Gemüse hineinrühren.

3 Den Backofen auf 160 °C vorheizen. Den Saucenansatz in einen großen Bräter geben. Die Kalbshaxe hineinsetzen und mit geschlossenem Deckel im Ofen 4 bis 4½ Stunden schmoren, dabei mehrmals wenden. Nach 2 Stunden den Deckel entfernen.

4 Die fertige Kalbshaxe aus dem Bräter nehmen und warm halten. Das Lorbeerblatt und die Pfefferkörner zur Sauce in den Bräter geben und die Sauce um etwa ein Drittel einkochen lassen. Den Knoblauch schälen, mit der Zitronenschale, dem Ingwer und dem Thymian hinzufügen und in der Sauce wenige Minuten ziehen lassen, dann wieder entfernen.

5 Die Sauce durch ein Sieb in einen Topf gießen, dabei das Gemüse etwas ausdrücken. Die Speisestärke in wenig kaltem Wasser glatt rühren, in die Sauce geben und köcheln lassen, bis diese leicht sämig bindet. Noch ein wenig köcheln lassen, dann die kalte Butter einrühren und die Sauce mit Chilisalz abschmecken.

6 Zum Servieren die Kalbshaxe parallel zum Knochen in Scheiben schneiden und mit wenig Salz und Pfeffer würzen. Die Kalbshaxenscheiben mit der Sauce auf vorgewärmten Tellern anrichten. Dazu passen selbst gemachte Spätzle (siehe S. 28).

Zutaten für 4 Personen

2 Zwiebeln
1 Karotte
120 g Knollensellerie
1 TL Öl
2 TL Puderzucker
1 EL Tomatenmark
150 ml Rotwein
½ l Hühnerbrühe
1 Kalbshaxe (2,8–3 kg; küchenfertig)
1 Lorbeerblatt
½ TL schwarze Pfefferkörner
1 Knoblauchzehe
1 Streifen unbehandelte Zitronenschale
1 Scheibe Ingwer
1 Zweig Thymian
1–2 TL Speisestärke
20 g kalte Butter
Chilisalz · Pfeffer aus der Mühle

Mein Tipp

Finden sich die Gäste für die Familienfeier um 12 Uhr mittags ein, muss die Kalbshaxe um etwa 7.30 Uhr in den Backofen geschoben werden. Anschließend gart das Gericht beinahe von alleine im Ofen. Um jedoch morgens die Zubereitung des Saucenansatzes zu umgehen, können Sie diesen bereits am Vortag herstellen. Hierfür, wie in Punkt 1 und 2 beschrieben, den Saucenansatz zubereiten, dann abkühlen lassen und zugedeckt im Kühlschrank aufbewahren. Am Tag des Festes als Erstes den Backofen vorheizen, dann den Saucenansatz in einen entsprechend großen Bräter füllen, die Kalbshaxe daraufsetzen und, wie im Rezept beschrieben, fertigstellen.

Gefüllte Kalbsbrust

Zutaten für 8 Personen

Für die Sauce und die Kalbsbrust:
1 TL Puderzucker
2 EL Tomatenmark
¼ l Rotwein · ½ l Hühnerbrühe
2 Karotten
200 g Knollensellerie
3 Zwiebeln
2 kg Milchkalbsbrust
1 TL Öl · 1 Lorbeerblatt
1 Stück Vanilleschote (ca. 2 cm)
5 Pimentkörner
2 Splitter Zimtrinde
½ TL schwarze Pfefferkörner
2 Streifen unbehandelte
Zitronenschale
1 Zweig Rosmarin
3 Scheiben Ingwer
2 Knoblauchzehen (in Scheiben)
1 TL Speisestärke
mildes Chilisalz
Pfeffer aus der Mühle

Für die Füllung:
1 EL getrocknete Trompetenpilze
150 g Laugenstangen (vom Vortag)
150 ml Milch · 2 kleine Eier
Salz · Pfeffer aus der Mühle
frisch geriebene Muskatnuss
½ Zwiebel
100 g Kalbsbrät · 3 EL Sahne
1 EL Petersilienblätter
(frisch geschnitten)
1–2 TL abgeriebene unbehandelte
Zitronenschale

1 Für die Sauce den Puderzucker in einen Topf stäuben und bei mittlerer Hitze hell karamellisieren. Das Tomatenmark dazugeben und kurz anrösten. Den Wein auf dreimal dazugeben und jeweils sämig einköcheln lassen. Die Brühe dazugießen und erhitzen. Karotten und Sellerie putzen, schälen und in 1 bis 1 ½ cm große Würfel schneiden. Die Zwiebeln schälen und ebenfalls in 1 bis 1 ½ cm große Würfel schneiden. Das Gemüse in einem Bräter ohne Fett andünsten und den Saucenansatz hinzufügen.

2 Für die Füllung die Trockenpilze in einem Topf mit wenig Wasser aufkochen, vom Herd nehmen und 10 bis 15 Minuten ziehen lassen. Die Pilze in ein Sieb abgießen, abtropfen lassen und fein hacken. Von den Laugenstangen das Salz entfernen, die Stangen etwa 1 cm groß würfeln und in eine Schüssel geben. Die Milch aufkochen, vom Herd nehmen und mit den Eiern verrühren. Die Eiermilch mit Salz, Pfeffer und Muskatnuss würzen und mit den Laugenwürfeln mischen.

3 Die Zwiebel schälen und in feine Würfel schneiden. Die Zwiebelwürfel in einer Pfanne mit 100 ml Wasser weich garen, bis die Flüssigkeit eingekocht ist. Die Zwiebelwürfel mit den Pilzen unter die Laugenmasse mischen. Das Kalbsbrät mit der Sahne glatt rühren und mit der Petersilie unter die Laugenmasse mischen. Die Füllung mit Zitronenschale, Salz, Pfeffer und Muskatnuss abschmecken.

4 Den Backofen auf 150 °C vorheizen. In die Kalbsbrust mit einem scharfen Messer eine Tasche schneiden und diese mit der Laugenmasse füllen. (Nicht zu voll füllen, da sich das Fleisch beim Garen noch zusammenzieht und sich die Füllung etwas ausdehnt; übrige Füllung zu Pflanzerln formen, in Butter auf beiden Seiten goldbraun braten und als Beilage servieren.) Die offene Seite der Kalbsbrust mit Rouladennadeln verschließen oder mit Küchengarn zunähen.

5 Eine Pfanne bei mittlerer Temperatur erhitzen und das Öl mit einem Pinsel darin verstreichen. Die Kalbsbrust darin rundum anbraten. In den Bräter auf das Gemüse setzen und im Ofen auf der mittleren Schiene etwa 3 Stunden schmoren, dabei mehrmals mit dem Schmorsud begießen. Etwa 45 Minuten vor Ende der Garzeit die Gewürze dazugeben. Rosmarin, Ingwer und Knoblauch kurz vor Ende der Garzeit dazugeben und noch wenige Minuten mitziehen lassen.

6 Die Kalbsbrust aus dem Bräter nehmen und warm halten. Die Sauce durch ein Sieb gießen und erhitzen, das Gemüse entfernen. Die Stärke in wenig kaltem Wasser glatt rühren, in die Sauce geben und 2 Minuten leicht köcheln lassen, bis diese sämig bindet. Mit Chilisalz und Pfeffer abschmecken. Zum Servieren die Kalbsbrust in Scheiben schneiden und auf vorgewärmten Tellern anrichten. Mit der Sauce beträufeln. Dazu passt buntes Gemüse der Saison.

Kalbsrahmgulasch mit Apfel und Kartoffel-Sellerie-Püree

Zutaten für 4 Personen

Für das Gulasch:
1 kg Kalbfleisch (aus der Schulter)
1 kg Zwiebeln
1 Apfel
1 TL Öl
1 EL Tomatenmark
½ l Hühnerbrühe
½–1 EL Paprikapulver (edelsüß)
80 g Sahne
Salz
mildes Chilipulver

Für das Gulaschgewürz:
1–2 Knoblauchzehen
1 TL getrockneter Majoran
1 TL gemahlener Kümmel
1 TL abgeriebene unbehandelte Zitronenschale

Für das Kartoffel-Sellerie-Püree:
500 g mehligkochende Kartoffeln
Salz
½ TL ganzer Kümmel
200 ml Milch
350 g Knollensellerie
¼ Vanilleschote
je 20 g Butter und braune Butter (siehe S. 112)
Pfeffer aus der Mühle
mildes Chilipulver
frisch geriebene Muskatnuss

1 Für das Gulasch das Kalbfleisch von Fett und groben Sehnen befreien und in etwa 3 cm große Würfel schneiden. Die Zwiebeln schälen, halbieren und in Streifen schneiden. Den Apfel vierteln, schälen und das Kerngehäuse entfernen, dann 1 Apfelviertel würfeln.

2 Einen Bräter bei mittlerer Temperatur erhitzen und das Öl mit einem Pinsel darin verstreichen. Die Zwiebeln im Bräter andünsten. Die Apfelwürfel hinzufügen, das Tomatenmark unterrühren und kurz anrösten. Das Fleisch hinzufügen und die Brühe dazugießen. Mit einem Blatt Backpapier bedecken und das Gulasch 2½ bis 3 Stunden mehr ziehen als köcheln lassen.

3 Inzwischen für das Gulaschgewürz den Knoblauch schälen und fein hacken. Mit Majoran, Kümmel und Zitronenschale mischen. Das Paprikapulver mit wenig kaltem Wasser glatt rühren. Die restlichen Apfelviertel in etwa 1 cm große Würfel schneiden.

4 Für das Kartoffel-Sellerie-Püree die Kartoffeln mit der Schale gründlich waschen und in Salzwasser mit dem Kümmel 20 bis 25 Minuten weich garen. Die Kartoffeln abgießen, ausdampfen lassen, möglichst heiß pellen und durch die Kartoffelpresse drücken. 100 ml Milch erhitzen und mit einem Kochlöffel unterrühren.

5 Den Sellerie putzen, schälen und in kleine Würfel schneiden. Die restliche Milch mit der Vanilleschote in einem Topf erhitzen, den Sellerie dazugeben, mit einem Blatt Backpapier bedecken und etwa 20 Minuten weich schmoren. Den Sellerie mit der Kochflüssigkeit in einem Blitzhacker pürieren.

6 Das Kartoffelpüree mit dem Selleriepüree verrühren, die Butter und die braune Butter untermischen und mit Salz, Pfeffer sowie je 1 Prise Chilipulver und Muskatnuss abschmecken.

7 Die Fleischwürfel mit dem Schaumlöffel aus dem Topf nehmen und beiseitestellen. Das Gulaschgewürz mit dem angerührten Paprikapulver und der Sahne in die Sauce rühren und die Sauce mit Salz und Chilipulver abschmecken. Die Fleischwürfel und die Apfelwürfel in den Topf geben und das Gulasch knapp unter dem Siedepunkt noch etwa 10 Minuten ziehen lassen.

8 Zum Servieren das Kalbsrahmgulasch in vorgewärmte tiefe Teller verteilen und mit dem Kartoffel-Sellerie-Püree servieren.

Krustenbraten mit Semmelknödeln

1 Für den Krustenbraten den Backofen auf 130 °C vorheizen. In einen Bräter ½ l Brühe gießen, den Schweinebauch mit der Schwarte nach unten hineinlegen und im Ofen auf der mittleren Schiene 1 Stunde garen. Den Schweinebauch aus dem Bräter nehmen und die Backofentemperatur auf 160 °C erhöhen. In die Schwarte mit einem scharfen Messer im Abstand von 1 cm Streifen einritzen, so wie hinterher die Scheiben geschnitten werden.

2 Für die Sauce die Zwiebeln schälen, Karotte und Sellerie schälen. Zwiebeln in Spalten, Karotte schräg in ½ cm dicke Scheiben, Sellerie in 1 cm große Würfel schneiden.

3 Den Puderzucker in eine große tiefe Pfanne stäuben und hell karamellisieren. Das Tomatenmark unterrühren und kurz anrösten. Mit dem Wein ablöschen und die Flüssigkeit sämig einköcheln lassen. Mit der restlichen Brühe aufgießen und das Gemüse hineingeben. Den Saucenansatz zur Brühe in den Bräter geben, den Schweinebauch mit der Schwarte nach oben auf das Gemüse setzen und im Ofen auf der mittleren Schiene weitere 2 Stunden garen.

4 Den Braten aus dem Topf nehmen und auf ein Backblech setzen. Die Backofentemperatur auf 220 °C Oberhitze erhöhen. Die Schwarte mit Salz würzen und den Braten im Ofen auf der untersten Schiene 20 bis 30 Minuten knusprig braten. Die Sauce aus dem Bräter durch ein Sieb gießen, das Gemüse beiseitestellen. Die Sauce gegebenenfalls entfetten, das Lorbeerblatt dazugeben und die Sauce noch etwas einköcheln lassen. Knoblauch und Ingwer mit Majoran, Kümmel und Zitronenschale zur Sauce geben und 5 bis 10 Minuten ziehen lassen. Die Sauce durch ein Sieb wieder zum Gemüse gießen. Das Gemüse und die Sauce erhitzen und mit Salz und Pfeffer abschmecken.

5 Für die Semmelknödel die Brötchen in sehr dünne Scheiben schneiden. Die Milch aufkochen und vom Herd nehmen. Die Eier verquirlen, mit der Milch verrühren und mit Salz, Pfeffer und 1 Prise Muskatnuss würzen. Die Eiermilch über die Brotscheiben gießen, die Petersilie hinzufügen und alles mit den Händen zu einer kompakten Masse verkneten. Zugedeckt 20 Minuten ziehen lassen. Dann aus der Brotmasse mit angefeuchteten Händen 8 Knödel formen. In einem großen Topf reichlich Salzwasser aufkochen und die Knödel darin knapp unter dem Siedepunkt 15 bis 20 Minuten gar ziehen lassen.

6 Zum Servieren den Krustenbraten in Scheiben schneiden und mit Schmorgemüse, Sauce und Knödeln anrichten (Foto siehe S. 8/9).

Zutaten für 4–6 Personen

Für den Krustenbraten:
1 l Hühnerbrühe (oder Hühnerfond)
1 kg Schweinebauch
3 Zwiebeln · ½ Karotte
150 g Knollensellerie
1 TL Puderzucker
1 EL Tomatenmark
150 ml leichter Rotwein
1 kleines Lorbeerblatt
2 halbierte Knoblauchzehen
1 Scheibe Ingwer
½–1 TL getrockneter Majoran
½ TL ganzer Kümmel
1 Streifen unbehandelte Zitronenschale
Salz · Pfeffer aus der Mühle

Für die Semmelknödel:
300 g Brötchen oder Weißbrot (jeweils vom Vortag)
¼ l Milch
3 Eier
Salz · Pfeffer aus der Mühle
frisch geriebene Muskatnuss
1 EL Petersilienblätter (frisch geschnitten)

Burgunderbraten mit Kartoffel-Artischocken-Gröstl

Zutaten für 4 Personen

Für den Burgunderbraten:
1 ½ kg flache Rinderschulter (Schaufelbug)
2 Zwiebeln
100 g Knollensellerie
1 kleine Karotte
2 TL Öl · 4 cl Cognac
1 TL Puderzucker
1 EL Tomatenmark
350 ml roter Burgunder (oder ein anderer kräftiger Rotwein)
1 l Hühnerbrühe
je ½ TL Piment- und schwarze Pfefferkörner
1 Stück Zimtrinde
5 Wacholderbeeren (leicht angedrückt)
1 Lorbeerblatt
1 Knoblauchzehe (halbiert)
2 Scheiben Ingwer
je 1 Streifen unbehandelte Zitronen- und Orangenschale
1 TL Speisestärke
40 g kalte Butter · mildes Chilisalz

Für das Gröstl:
400 g Trüffelkartoffeln (blaue Mini-Kartoffeln) · Salz
4 Artischockenböden (bissfest blanchiert; tiefgekühlt)
2 Tomaten · 1 Zweig Rosmarin
1 EL braune Butter (siehe S. 112)
1 Knoblauchzehe (in Scheiben)
mildes Chilisalz

1 Für den Braten den Backofen auf 160 °C vorheizen. Vom Fleisch mit einem scharfen Messer die äußeren Sehnen entfernen. Zwiebeln, Sellerie und Karotte schälen und in 1 cm große Würfel schneiden.

2 Eine große tiefe Pfanne bei mittlerer Temperatur erhitzen und 1 TL Öl mit einem Pinsel darin verstreichen. Rinderschulter und Fleischabschnitte darin rundum anbraten. Schulter herausnehmen, Fleischabschnitte wenige Minuten länger braten. Mit dem Cognac ablöschen und einköcheln lassen, nach Belieben unmittelbar nach dem Ablöschen anzünden und flambieren. Puderzucker hineinstäuben, das Tomatenmark unterrühren und kurz anrösten. Mit dem Wein auf dreimal ablöschen und jeweils sirupartig einköcheln lassen. Mit der Brühe auffüllen.

3 Das restliche Öl in einem Bräter erhitzen und das Gemüse darin bei mittlerer Hitze andünsten. Rinderschulter daraufsetzen und mit geschlossenem Deckel im Ofen auf der untersten Schiene etwa 3 ½ Stunden schmoren, dabei ab und zu wenden.

4 Inzwischen für das Gröstl die Kartoffeln mit der Schale in Salzwasser weich garen. Abgießen und kurz ausdampfen lassen. Möglichst heiß pellen, abkühlen lassen und in dicke Scheiben schneiden. Artischockenböden auftauen lassen und in Spalten schneiden. Tomaten kreuzweise einritzen, heiß überbrühen, kalt abschrecken und häuten. Tomaten vierteln, Stielansatz und Kerne entfernen. Viertel längs halbieren. Rosmarin waschen und trocken tupfen.

5 Eine Pfanne bei mittlerer Temperatur erhitzen und die braune Butter darin zerlassen. Kartoffeln und Artischocken in der Pfanne anbraten. Tomaten, Rosmarin und Knoblauch dazugeben und erhitzen. Das Gröstl mit Chilisalz würzen und warm halten.

6 Das Fleisch aus dem Ofen nehmen und warm halten. Piment, Pfeffer, Zimt, Wacholder und Lorbeer in die Sauce geben und die Sauce auf etwa die Hälfte einköcheln lassen. Dann Knoblauch, Ingwer und Zitronen- und Orangenschale hinzufügen und in der Sauce 5 Minuten ziehen lassen. Die Sauce durch ein Sieb in einen Topf abgießen, dabei das Gemüse etwas ausdrücken. Die Stärke in wenig kaltem Wasser glatt rühren, in die Sauce geben und köcheln lassen, bis diese leicht sämig bindet. Noch 1 bis 2 Minuten köcheln lassen, dann die Butter in Stücken unterrühren und die Sauce mit Chilisalz abschmecken.

7 Zum Servieren den Braten in Scheiben schneiden und mit der Sauce auf vorgewärmten Tellern anrichten. Das Gröstl dazu reichen.

Eierspätzle

Zutaten für 4 Personen
*400 g doppelgriffiges Mehl
(Wiener Grießler)
8 Eier
Salz
1 EL Öl
1–2 EL Butter
Pfeffer aus der Mühle
frisch geriebene Muskatnuss*

1 Das Mehl mit den Eiern, 1 TL Salz und dem Öl in der Küchenmaschine oder mit den Knethaken des Handrührgeräts zu einem zähen Teig verarbeiten. Den Teig 3 bis 5 Minuten weiterkneten, bis der Teig Blasen wirft.

2 In einem großen Topf reichlich Salzwasser zum Kochen bringen. Den Spätzlehobel kurz in das Wasser tauchen, den Teig portionsweise einfüllen und die Spätzle in das siedende Wasser hobeln.

3 Wenn die Spätzle an die Oberfläche steigen, einmal kurz aufkochen. Mit dem Schaumlöffel herausheben und in einer Pfanne bei mittlerer Hitze in der zerlassenen Butter schwenken. Die Spätzle mit Salz, Pfeffer und Muskatnuss würzen.

Mein Tipp

Sie können die Spätzle gut vorbereiten: Dafür die Spätzle nach dem Kochen abgießen, auf einem Tablett ausgebreitet ausdampfen lassen und dann mit 1 bis 2 EL Öl mischen. Die Spätzle können Sie nach dem Auskühlen gut verschlossen 1 bis 2 Tage im Kühlschrank aufbewahren. Zum Servieren die Spätzle in etwa 100 ml Brühe erhitzen und zuletzt mit Butter und Gewürzen verfeinern.

Kartoffelpüree

Zutaten für 4 Personen
*1 kg mehligkochende Kartoffeln
Salz · ¼ l Milch
1 EL Butter
20 g braune Butter (siehe S. 112)
frisch geriebene Muskatnuss*

1 Die Kartoffeln waschen und in einem großen Topf in reichlich Salzwasser weich garen. Die Kartoffeln abgießen, kurz ausdampfen lassen, möglichst heiß pellen und durch die Kartoffelpresse drücken.

2 Die Milch erhitzen und mit einem Kochlöffel unter die durchgepressten Kartoffeln rühren. Die Butter und die braune Butter untermischen. Zuletzt das Püree mit Salz und Muskatnuss abschmecken.

Mein Tipp

*Für ein Kartoffel-Zitronen-Püree die abgeriebene Schale von 1 unbehandelten Zitrone unter das fertige Püree rühren.
Für ein Kartoffel-Bärlauch-Püree 50 g Bärlauchblätter waschen, trocken schütteln und in Streifen schneiden. Die Bärlauchstreifen unter das fertige Püree rühren.*

Eingerollter Kartoffelknödel

1 Am Vortag die Kartoffeln waschen und in Salzwasser weich garen. Abgießen, kurz ausdampfen lassen, möglichst heiß pellen, durch die Kartoffelpresse drücken und über Nacht auskühlen lassen.

2 Am nächsten Tag die durchgedrückten Kartoffeln mit Mehl, Eigelben, brauner Butter, Salz, Pfeffer und etwas Muskatnuss zu einem glatten Kartoffelteig kneten. Die Weißbrotbrösel in der Butter goldbraun rösten. Den Speck in kleine Würfel schneiden, im Öl goldbraun braten und auf Küchenpapier abtropfen lassen. Die Brösel mit Petersilie und Speck mischen.

3 Den Kartoffelteig auf der bemehlten Arbeitsfläche zu einem Rechteck (40 x 15 cm) ausrollen. In 2 gleich große Stücke von 20 x 15 cm schneiden und je auf ein sauberes, geruchfreies Küchentuch oder ein Einwegpassiertuch legen. Die Brösel auf dem Teig verteilen, mithilfe des Tuchs einrollen und die Enden mit Küchengarn zubinden. Die beiden Knödelrollen in einem Topf in Salzwasser knapp unter dem Siedepunkt 20 Minuten ziehen lassen. Bis zum Anrichten im heißen Wasser warm halten, dann auswickeln und in Scheiben schneiden.

Zutaten für 2 Knödelrollen

600 g mehligkochende Kartoffeln
Salz
150 g doppelgriffiges Mehl (Wiener Grießler)
4 Eigelb
40 g braune Butter (siehe S. 112)
Pfeffer aus der Mühle
frisch geriebene Muskatnuss
30 g Weißbrotbrösel
30 g Butter
60 g Frühstücksspeck · 1 TL Öl
1 EL Petersilienblätter (frisch geschnitten)
Mehl für die Arbeitsfläche

Brezenknödel

1 Von den Laugenstangen das Salz entfernen und die Stangen in ½ bis 1 cm große Würfel schneiden. Die Milch aufkochen und vom Herd nehmen. Die Eier verquirlen, mit der Milch verrühren und mit Salz, Pfeffer und 1 Prise Muskatnuss würzen. Die Eiermilch über die Brezenwürfel gießen und bis zur Verwendung ziehen lassen.

2 Zwiebel schälen, in feine Würfel schneiden und in einer Pfanne mit 100 ml Wasser weich garen, bis die Flüssigkeit eingekocht ist. Dann mit der Petersilie zur Brezenmasse geben und alles mit den Händen zu einer gleichmäßigen Masse mischen (nicht drücken).

3 Zwei Blätter starke Alufolie jeweils mit Frischhaltefolie belegen. Die Brezenknödelmasse darauf zu länglichen Rollen (etwa 5 cm Ø) formen. Erst in die Frischhaltefolie einrollen, dann in die Alufolie einwickeln. Die Enden der Alufolie erst etwas andrücken, dann drehen, sodass eine formschöne Rolle entsteht.

4 Die Knödelrollen in einem großen Topf im leicht siedenden Wasser etwa 30 Minuten garen. Die Rollen aus dem Wasser heben, aus der Folie wickeln und noch heiß in Scheiben schneiden. Der Brezenknödel kann einige Stunden vorher eingerollt und bei Bedarf frisch gekocht werden. Oder die Rollen vorkochen, zum Servieren in Scheiben scheiden und in Butter braten.

Zutaten für 4 Personen

250 g weiche Laugenstangen (vom Vortag)
¼ l Milch · 2 Eier
Salz · Pfeffer aus der Mühle
frisch geriebene Muskatnuss
½ Zwiebel
1 EL Petersilienblätter (frisch geschnitten)

Rinderrouladen

Zutaten für 4 Personen

Für die Rouladen:
½ kleine Zwiebel · 1 Karotte
50 g Knollensellerie
100 g Essiggurken
100 g durchwachsener
Räucherspeck · 1 TL Öl
1 EL getr. Trompetenpilze
2 eingelegte Sardellenfilets
1–2 TL scharfer Senf
150 g Kalbsbrät · 2 EL Sahne
1 Msp. abgeriebene unbehandelte
Zitronenschale
1 EL Petersilienblätter
(frisch geschnitten)
mildes Chilipulver · Salz
4 Rinderrouladen (à ca. 160 g;
aus der Keule) · Öl für die Folie

Für die Sauce:
1 Zwiebel · 120 g Knollensellerie
1 Karotte · 1 TL Öl
½ l Hühnerbrühe
1 TL Puderzucker
1 EL Tomatenmark
150 ml kräftiger Rotwein
1 kleines Lorbeerblatt
5 Pimentkörner
½ TL schwarze Pfefferkörner
½ Knoblauchzehe
1 Streifen unbehandelte Zitronen-
oder Orangenschale
10–20 g kalte Butter
Salz · Pfeffer aus der Mühle
1 Blatt Liebstöckel

1 Für die Rouladen Zwiebel, Karotte und Sellerie schälen und in kleine Würfel schneiden. Essiggurken und Räucherspeck ebenfalls in kleine Würfel schneiden. Das Öl in einer Pfanne erhitzen und die Speckwürfel darin bei mittlerer Hitze anbraten. Die Zwiebel hinzufügen und kurz mitdünsten. Vom Herd nehmen, in ein Sieb abgießen und abkühlen lassen.

2 Die Trockenpilze in einem Topf mit wenig Wasser aufkochen, vom Herd nehmen und 10 bis 15 Minuten ziehen lassen. In ein Sieb abgießen, abtropfen und abkühlen lassen, dann klein schneiden. Die Sardellen fein hacken. Sardellen, Senf, Speck, Zwiebel, Gemüsewürfel, Gurkenwürfel und Pilze unter das Kalbsbrät mischen und die Sahne unterrühren. Mit Zitronenschale, Petersilie, 1 Prise Chilipulver und etwas Salz würzen.

3 Das Rindfleisch zwischen zwei Lagen geölter Frischhaltefolie leicht klopfen. Das Brät daraufstreichen, dabei die Ränder frei lassen. Das Fleisch von der schmalen Seite her aufrollen, die Seitenränder dabei einschlagen und mit Rouladennadeln oder Holzspießchen feststecken.

4 Für die Sauce Zwiebel, Sellerie und Karotte schälen und in ½ cm große Würfel schneiden. Eine Pfanne bei mittlerer Temperatur erhitzen und das Öl mit einem Pinsel darin verstreichen. Die Rouladen darin rundum anbraten und wieder herausnehmen. Den Bratsatz mit 150 ml Brühe ablöschen.

5 Den Puderzucker in einen Schmortopf stäuben und bei milder Hitze hell karamellisieren, das Gemüse darin etwas andünsten. Tomatenmark unterrühren, kurz anrösten, bis es am Boden hellbraun anlegt, dann übrige Brühe und Bratsatz dazugießen. Den Wein separat auf etwa ein Drittel einköcheln lassen und zum Saucenansatz geben. Die Rouladen in die Sauce legen, mit einem Blatt Backpapier bedecken und knapp unter dem Siedepunkt 2 bis 2 ½ Stunden weich schmoren.

6 Etwa 20 Minuten vor Ende der Garzeit das Lorbeerblatt mit Piment- und Pfefferkörnern hinzufügen. Zuletzt Knoblauch und Zitronen- oder Orangenschale wenige Minuten in der Sauce ziehen lassen, wieder entfernen. Die Rouladen herausnehmen und beiseitestellen, die Rouladennadeln entfernen.

7 Die Sauce durch ein Sieb in einen Topf gießen, das Gemüse etwas ausdrücken und die Sauce nach Belieben noch mit 1 TL angerührter Speisestärke binden. Die kalte Butter unterrühren und die Sauce mit Salz und Pfeffer abschmecken. Das Liebstöckelblatt etwa 1 Minute in der Sauce ziehen lassen und wieder entfernen. Zum Servieren die Rouladen in der Sauce nochmals erwärmen und auf vorgewärmten Tellern mit der Sauce anrichten. Dazu passt Kartoffelpüree.

Wiener Schnitzel mit Bratkartoffeln

Zutaten für 4 Personen
Für die Bratkartoffeln:
1 kg festkochende Kartoffeln
Salz · 1 Zwiebel
1–2 EL Öl oder braune Butter
(siehe S. 112)
Pfeffer aus der Mühle
gemahlener Kümmel
½–1 TL getrockneter Majoran
1 EL Butter
1 EL Petersilienblätter
(frisch geschnitten)

Für die Schnitzel:
2 Eier
1 Msp. abgeriebene unbehandelte Zitronenschale
frisch geriebene Muskatnuss
1 EL geschlagene Sahne
80 g doppelgriffiges Mehl
(Wiener Grießler)
200 g Weißbrotbrösel
8 kleine dünne Kalbsschnitzel
(aus der Oberschale; à 60 g)
Salz · Pfeffer aus der Mühle
150 ml Öl
50 g braune Butter

Außerdem:
1 unbehandelte Zitrone

1 Für die Bratkartoffeln die Kartoffeln waschen und mit der Schale in Salzwasser weich garen. Abgießen, kurz ausdampfen lassen, noch heiß pellen und mehrere Stunden abkühlen lassen. Dann in etwa ½ cm dicke Scheiben schneiden.

2 Die Zwiebel schälen und in feine Streifen schneiden. Das Öl in einer großen Pfanne erhitzen und die Kartoffelscheiben darin bei milder Hitze auf einer Seite goldbraun anbraten. Wenden, die Zwiebelstreifen dazugeben und etwas mitbraten. Die Bratkartoffeln mit Salz, Pfeffer, 1 Prise Kümmel und Majoran würzen. Zuletzt die Butter und die Petersilie hinzufügen.

3 Für die Schnitzel die Eier in einen tiefen Teller aufschlagen und verquirlen. Zitronenschale, 1 Prise Muskatnuss und die Sahne dazugeben und alles gut mischen.

4 Das Mehl und die Weißbrotbrösel ebenfalls jeweils in einen tiefen Teller geben. Die Kalbsschnitzel mit etwas Wasser besprenkeln und mit Salz und Pfeffer würzen. Die Schnitzel nacheinander zuerst im Mehl wenden, dabei überschüssiges Mehl abklopfen. Dann durch die Eier-Sahne-Mischung ziehen und zum Schluss in den Weißbrotbröseln wenden, ohne diese zu fest anzudrücken.

5 Das Öl und die braune Butter in einer tiefen Pfanne erhitzen und die panierten Schnitzel darin bei mittlerer Hitze zuerst auf einer Seite goldbraun backen. Wenden, falls nötig, noch etwas Öl dazugeben und das Fett durch eine leichte Vor- und Rückbewegung der Pfanne über die Schnitzel »schwappen« lassen, sodass die Panade der Schnitzel sich wellenartig wölbt. Zusätzlich kann man die Schnitzel noch mit einem Löffel heißem Fett begießen, bis sie schön goldbraun sind.

6 Die fertigen Schnitzel aus der Pfanne nehmen und auf Küchenpapier abtropfen lassen. Die Zitrone heiß waschen, trocken reiben und achteln. Die Schnitzel mit den Bratkartoffeln auf vorgewärmten Tellern anrichten und mit den Zitronenachteln garnieren.

Schweinemedaillons auf Pilzrahmsauce

1 Das Schweinefilet in 8 Medaillons schneiden und diese jeweils mit dem Handballen etwas flach drücken. Die Zwiebel schälen und in feine Würfel schneiden. Die Champignons putzen, trocken abreiben und in ½ cm dicke Scheiben schneiden.

2 Eine Pfanne bei mittlerer Temperatur erhitzen, das Öl mit einem Pinsel darin verstreichen und die Schweinemedaillons darin auf beiden Seiten etwa 2 Minuten anbraten. Aus der Pfanne nehmen und beiseitestellen.

3 Die Zwiebel in die Pfanne geben, etwas Puderzucker darüberstäuben und die Zwiebel wenige Minuten andünsten. Mit Wein ablöschen, einköcheln lassen und mit der Brühe aufgießen. Alles knapp unter dem Siedepunkt 10 Minuten ziehen lassen, dann die Sahne dazugeben und erhitzen.

4 Die Stärke mit etwas kaltem Wasser glatt rühren, in die Sauce geben und köcheln lassen, bis diese sämig bindet. Den Senf dazugeben, die Champignonscheiben unterrühren und erhitzen. Mit Chilisalz, 1 Prise Kümmel und der Zitronenschale würzen und die Petersilie hinzufügen.

5 Die angebratenen Schweinemedaillons mit dem ausgetretenen Fleischsaft in die Pilzrahmsauce geben und 3 bis 4 Minuten rosa durchziehen lassen. Auf vorgewärmten Tellern mit der Sauce anrichten. Dazu passen Bandnudeln, Spätzle oder Kartoffelpüree (beides siehe S. 28) sowie buntes Gemüse oder Bohnengemüse.

Zutaten für 4 Personen

500 g Schweinefilet (küchenfertig)
½ Zwiebel
150 g geschlossene, feste Champignons
1 TL Öl
ca. 1 TL Puderzucker
50 ml Weißwein
300 ml Hühnerbrühe
150 g Sahne
1 EL Speisestärke
1 TL Dijon-Senf
mildes Chilisalz
gemahlener Kümmel
½ TL abgeriebene unbehandelte Zitronenschale
1 TL Petersilienblätter
(frisch geschnitten)

Mein Tipp

Auf dieselbe Weise können Champignon-Rahm-Schnitzel zubereitet werden. Dazu Schnitzel von Kalb, Schwein oder Pute anstatt der Schweinemedaillons anbraten, aus der Pfanne nehmen, die Sauce zubereiten und die Schnitzel in die fertige Sauce legen. Darin einige Minuten durchziehen lassen.
Die Schnitzel werden durchgegart serviert und können daher ausgezeichnet schon im Voraus zubereitet, zwischendurch kühl gelagert und vor dem Servieren bei milder Temperatur sanft erhitzt werden.

Filet Wellington vom Hirsch mit Aprikosen-Senf-Sauce

Zutaten für 6 Personen

Für das Filet Wellington:
200 g Champignons
3 Schalotten · 1 EL Öl
Salz · Pfeffer aus der Mühle
300 g Kalbsbrät
100 g eiskalte Sahne
½ TL Dijon-Senf
1 EL Petersilienblätter
(frisch geschnitten)
1 TL abgeriebene unbehandelte
Zitronenschale
frisch geriebene Muskatnuss
mildes Chilipulver
600 g Hirschrücken (ohne Knochen;
aus dem Mittelstück)
1 Ei · 250 g Blätterteig (auf Backpapier, ca. 25 x 40 cm ausgerollt;
aus dem Kühlregal)

Für den Gemüsesalat:
200 g Wirsing · 1 gelbe Karotte
12 Mini-Karotten
1 große Schwarzwurzel
Salz · Saft von ½ Zitrone
je 1 EL mildes Olivenöl und mildes
Salatöl · mildes Chilisalz
1 EL Kerbelblätter
(frisch geschnitten)

Für die Aprikosen-Senf-Sauce:
1 getrocknete Feige
100 ml Gemüsebrühe · 100 g Sahne
je 1 EL scharfer und süßer Senf
3 EL Aprikosen-Chutney (aus dem
Glas) · 10 g kalte Butter
Salz · mildes Chilipulver

1 Für das Filet die Pilze putzen, trocken abreiben und in kleine Würfel schneiden. Die Schalotten schälen, in feine Würfel schneiden und bei mittlerer Hitze in 1 TL Öl andünsten. Pilze hinzufügen und etwa 2 Minuten anbraten. Mit Salz und Pfeffer würzen, abkühlen lassen und, falls nötig, in einem Sieb abtropfen lassen. Kalbsbrät mit 90 g eiskalter Sahne und Senf verrühren, Pilze mit Petersilie und Zitronenschale unterrühren und alles mit Salz, Pfeffer, Muskatnuss und 1 Prise Chilipulver würzen. Bis zur Verwendung kühl stellen.

2 Eine Pfanne bei mittlerer Temperatur erhitzen und das übrige Öl mit einem Pinsel darin verteilen. Hirschrücken darin rundum anbraten und abkühlen lassen, mit Salz und Pfeffer würzen. Das Ei mit der übrigen Sahne und 1 Prise Salz verquirlen. Den Backofen auf 210 °C vorheizen. Auf die Teigmitte etwa ein Drittel der Farce in Größe des Hirschrückens streichen. Den Rücken darauflegen, mit der übrigen Farce rundum bestreichen. Den Teig darüber zusammenschlagen, die Enden mit Eisahne ankleben und mit einer Gabel dekorativ andrücken. Das Filet auf der Nahtseite auf ein mit Backpapier belegtes Backblech setzen. Die Oberfläche mit der restlichen Eisahne bestreichen. Das Filet im Ofen auf der mittleren Schiene etwa 30 Minuten rosa backen. Dann die Hitze ausschalten und das Filet in der Resthitze des Ofens bei geöffneter Ofentür noch 10 bis 15 Minuten ruhen lassen.

3 Inzwischen für den Gemüsesalat den Wirsing putzen, in einzelne Blätter teilen und die Blattrippen entfernen. Blätter in 1 ½ bis 2 cm große Rauten schneiden. Karotte schälen und schräg in ½ cm dicke Scheiben schneiden. Mini-Karotten schälen und das Grün bis auf 1 cm entfernen. Schwarzwurzel unter fließendem kaltem Wasser bürsten, schälen und schräg in etwa ½ cm dicke Scheiben schneiden. Das Gemüse nacheinander in kochendem Salzwasser bissfest garen, in ein Sieb abgießen, kalt abschrecken und abtropfen lassen. In einer Schüssel mit Zitronensaft, Olivenöl und Salatöl mischen. Den Salat mit Chilisalz und Kerbel würzen und 10 Minuten ziehen lassen.

4 Für die Aprikosen-Senf-Sauce die Feige in kleine Würfel schneiden. Die Brühe mit der Sahne aufkochen und beide Senfsorten mit dem Chutney unterrühren. Die kalte Butter unter Rühren darin zerlassen, die Feigenwürfel dazugeben und die Sauce mit Salz und 1 Prise Chilipulver würzen. Zum Servieren das Filet aus dem Ofen nehmen und in breite Scheiben schneiden. Die Sauce auf vorgewärmte Teller verteilen und die Filetscheiben daraufsetzen. Den Gemüsesalat gut abtropfen lassen und daneben anrichten oder separat dazu servieren.

Apfelstrudel mit Vanillesahne

Zutaten für 4 Personen

Für den Apfelstrudel:
4 Äpfel (ca. 700 g;
z. B. Boskop, Braeburn oder Elstar)
35 g Mandelblättchen
30 g Zucker
¼ TL Zimtpulver
30 g Rumrosinen (siehe Tipp)
Saft von ½ Zitrone
50 g Biskuitbrösel
2 Strudelteigblätter
(ca. 30 x 30 cm;
aus dem Kühlregal)

Für die Vanillesahne:
100 g Sahne
1 TL Vanillezucker

Außerdem:
Mehl für das Küchentuch
30 g flüssige Butter zum Bestreichen

1 Für den Apfelstrudel die Äpfel schälen und bis auf das Kerngehäuse auf einem Gemüsehobel in Scheiben hobeln. Alternativ die Äpfel vierteln, schälen und die Kerngehäuse entfernen. Die Viertel in ½ bis 1 cm große Würfel schneiden.

2 Die Mandelblättchen in einer Pfanne ohne Fett bei mittlerer Hitze unter ständigem Rühren hell rösten, herausnehmen und abkühlen lassen. Zucker und Zimt mischen und mit Rumrosinen, Zitronensaft, Biskuitbröseln und gerösteten Mandelblättchen unter die Äpfel mischen.

3 Den Backofen auf 200 °C vorheizen. Ein Backblech mit Backpapier belegen. Ein Strudelblatt auf ein bemehltes Küchentuch legen und mit etwas flüssiger Butter bestreichen. Das zweite Strudelblatt darauflegen und ebenfalls mit Butter bestreichen.

4 Die Apfelfüllung entlang einer Längsseite des Strudelteigs in einem Strang verteilen. Dabei an den beiden Teigenden jeweils einen 5 cm breiten Rand frei lassen und über die Füllung nach innen schlagen. Dann den Strudel mithilfe des Tuchs aufrollen, die Ränder andrücken und den Strudel auf der Nahtseite auf das Blech legen. Mit der restlichen flüssigen Butter bestreichen und den Strudel im Ofen auf der unteren Schiene 20 bis 25 Minuten goldbraun backen.

5 Inzwischen für die Vanillesahne die Sahne mit dem Vanillezucker cremig schlagen. Zum Servieren den Apfelstrudel aus dem Ofen nehmen, etwas abkühlen lassen und in Stücke schneiden. Mit der Vanillesahne auf kleinen Tellern anrichten und nach Belieben mit Puderzucker bestäuben. Anstatt der Vanillesahne passt auch ausgezeichnet eine Prosecco-Sabayon (siehe S. 164) zum Apfelstrudel.

Mein Tipp

Für selbst gemachte Rumrosinen ½ TL schwarze Teeblätter in eine kleine Tasse geben, mit 100 ml kochendem Wasser aufgießen und etwa 5 Minuten ziehen lassen. Den Tee noch heiß durch ein Sieb in eine Schüssel gießen und 3 EL Rum hinzufügen. 50 g Rosinen dazugeben und mindestens 2 Stunden in der Rum-Tee-Mischung ziehen lassen. Die Rumrosinen vor der Verwendung abtropfen lassen. Eingelegt und in einem Schraubglas aufbewahrt, halten sich die Rumrosinen bei Zimmertemperatur mehrere Monate.

Rote Grütze mit Joghurt-Vanille-Sauce

Zutaten für 4 Personen

Für die Rote Grütze:
2 TL Speisestärke
150 ml schwarzer Johannisbeersaft
150 ml Kirschsaft · 2 EL Zucker
500 g gemischte frische Beeren
(z. B. Erdbeeren, Heidelbeeren,
Himbeeren, Rote und Schwarze
Johannisbeeren;
ersatzweise tiefgekühlt)

Für die Joghurt-Vanille-Sauce:
100 g Sahne
150 g Naturjoghurt
1 EL Zucker · 1 TL Vanillezucker
1 Msp. abgeriebene unbehandelte
Orangenschale

1 Für die Rote Grütze die Stärke mit 3 EL Johannisbeersaft glatt rühren. Den restlichen Johannisbeersaft mit dem Kirschsaft und dem Zucker in einem Topf aufkochen.

2 Die angerührte Stärke in die Saftmischung geben und köcheln lassen, bis diese sämig bindet. Bei milder Hitze unter ständigem Rühren noch 2 Minuten köcheln lassen. Den Topf vom Herd nehmen.

3 Die Erdbeeren waschen und putzen, die restlichen Beeren verlesen, waschen und trocken tupfen. Die Erdbeeren je nach Größe vierteln oder achteln. Die Beeren zur heißen Saftmischung geben und mindestens 10 Minuten durchziehen lassen. (Wenn Sie Tiefkühlbeeren verwenden, diese direkt mit der heißen Saftmischung übergießen und mindestens 30 Minuten ziehen lassen.)

4 Für die Joghurt-Vanille-Sauce die Sahne cremig schlagen. Den Joghurt in einer Schüssel mit der geschlagenen Sahne, dem Zucker, dem Vanillezucker und der Orangenschale glatt rühren.

5 Zum Servieren die Rote Grütze in Dessertgläsern anrichten und die Joghurt-Vanille-Sauce darauf verteilen. Nach Belieben mit Minzeblättern garnieren.

Mein Tipp

Nach Belieben können Sie auch ein Vanilleeis oder -parfait (siehe S. 137) oder einfach nur Sahne anstelle der Joghurt-Vanille-Sauce zur Roten Grütze servieren. Die Rote Grütze hält sich gekühlt 1 bis 2 Tage.

Buttermilchmousse mit Mango-Salsa

1 Für die Mousse die Gelatine in kaltem Wasser einweichen. Die Buttermilch mit dem Zitronensaft, der Zitronenschale und der Hälfte des Puderzuckers in einer Metallschüssel im heißen Wasserbad leicht erwärmen, aber nicht kochen. Die Gelatine ausdrücken und unter Rühren in der warmen Buttermilch auflösen.

2 Die Schüssel mit der Buttermilch-Gelatine-Mischung in ein kaltes Wasserbad stellen und die Masse mit dem Schneebesen kalt rühren.

3 Die Sahne mit dem übrigen Puderzucker cremig schlagen und unter die kalte Buttermilchmasse rühren. Die Masse in die Förmchen füllen und zugedeckt im Kühlschrank 2 Stunden fest werden lassen.

4 Inzwischen für die Mango-Salsa die Mango auf die schmale Seite stellen, das Fruchtfleisch mit einem Gemüsemesser vom Stein schneiden, schälen und in ½ bis 1 cm große Würfel schneiden.

5 Die Hälfte der Mangowürfel in einen hohen Rührbecher geben, den Zucker hinzufügen mit dem Stabmixer pürieren. Das Püree mit den restlichen Mangowürfeln mischen und mit Zitronensaft und restlichem Zucker abschmecken.

6 Zum Servieren die Förmchen bis knapp unter den Rand kurz in kochend heißes Wasser tauchen und die Buttermilchmousse auf Dessertteller stürzen. Die Mango-Salsa darum herumverteilen, mit Himbeeren dekorieren und mit Pistazien bestreuen.

Zutaten für 4 Förmchen
(à 150–200 ml Inhalt)

Für die Mousse:
2 Blatt Gelatine
200 g Buttermilch
2 EL Zitronensaft
2 Msp. abgeriebene unbehandelte Zitronenschale
60 g Puderzucker
150 g Sahne

Für die Mango-Salsa:
1 große, reife Mango (siehe Tipp)
1 EL Zucker
1 EL Zitronensaft

Außerdem:
1 Handvoll Himbeeren
1–2 TL gehackte Pistazienkerne

Mein Tipp

Da die Buttermilchmousse im Gegensatz zu vielen anderen Cremes und Mousses kein Eigelb enthält, lässt sie sich ideal vorbereiten – auch bereits am Vortag. Damit sie ihre Frische behält, sollten Sie die Mousse bis zum Servieren mit Frischhaltefolie gut bedecken. Auch die Mango-Salsa kann bereits am Vortag zubereitet werden, schmeckt jedoch zimmerwarm am besten und sollte daher rechtzeitig aus dem Kühlschrank genommen werden. Um eine Salsa mit einem kräftigen Aroma und einer schönen Farbe zu erhalten, unbedingt vollreife Früchte verwenden. Sie sollten sich weich anfühlen. Unreife Früchte zum Nachreifen einige Tage bei Zimmertemperatur liegen lassen.

Apfelstrudel mit Vanillesahne

Zutaten für 4 Personen

Für den Apfelstrudel:
4 Äpfel (ca. 700 g;
z. B. Boskop, Braeburn oder Elstar)
35 g Mandelblättchen
30 g Zucker
¼ TL Zimtpulver
30 g Rumrosinen (siehe Tipp)
Saft von ½ Zitrone
50 g Biskuitbrösel
2 Strudelteigblätter
(ca. 30 x 30 cm;
aus dem Kühlregal)

Für die Vanillesahne:
100 g Sahne
1 TL Vanillezucker

Außerdem:
Mehl für das Küchentuch
30 g flüssige Butter zum Bestreichen

1 Für den Apfelstrudel die Äpfel schälen und bis auf das Kerngehäuse auf einem Gemüsehobel in Scheiben hobeln. Alternativ die Äpfel vierteln, schälen und die Kerngehäuse entfernen. Die Viertel in ½ bis 1 cm große Würfel schneiden.

2 Die Mandelblättchen in einer Pfanne ohne Fett bei mittlerer Hitze unter ständigem Rühren hell rösten, herausnehmen und abkühlen lassen. Zucker und Zimt mischen und mit Rumrosinen, Zitronensaft, Biskuitbröseln und gerösteten Mandelblättchen unter die Äpfel mischen.

3 Den Backofen auf 200 °C vorheizen. Ein Backblech mit Backpapier belegen. Ein Strudelblatt auf ein bemehltes Küchentuch legen und mit etwas flüssiger Butter bestreichen. Das zweite Strudelblatt darauflegen und ebenfalls mit Butter bestreichen.

4 Die Apfelfüllung entlang einer Längsseite des Strudelteigs in einem Strang verteilen. Dabei an den beiden Teigenden jeweils einen 5 cm breiten Rand frei lassen und über die Füllung nach innen schlagen. Dann den Strudel mithilfe des Tuchs aufrollen, die Ränder andrücken und den Strudel auf der Nahtseite auf das Blech legen. Mit der restlichen flüssigen Butter bestreichen und den Strudel im Ofen auf der unteren Schiene 20 bis 25 Minuten goldbraun backen.

5 Inzwischen für die Vanillesahne die Sahne mit dem Vanillezucker cremig schlagen. Zum Servieren den Apfelstrudel aus dem Ofen nehmen, etwas abkühlen lassen und in Stücke schneiden. Mit der Vanillesahne auf kleinen Tellern anrichten und nach Belieben mit Puderzucker bestäuben. Anstatt der Vanillesahne passt auch ausgezeichnet eine Prosecco-Sabayon (siehe S. 164) zum Apfelstrudel.

Mein Tipp

Für selbst gemachte Rumrosinen ½ TL schwarze Teeblätter in eine kleine Tasse geben, mit 100 ml kochendem Wasser aufgießen und etwa 5 Minuten ziehen lassen. Den Tee noch heiß durch ein Sieb in eine Schüssel gießen und 3 EL Rum hinzufügen. 50 g Rosinen dazugeben und mindestens 2 Stunden in der Rum-Tee-Mischung ziehen lassen. Die Rumrosinen vor der Verwendung abtropfen lassen. Eingelegt und in einem Schraubglas aufbewahrt, halten sich die Rumrosinen bei Zimmertemperatur mehrere Monate.

Feines fürs Büfett

Quiche Lorraine

Zutaten für 1 Tarteform
(26 cm Ø, 12 Stück)

Für den Teig:
220 g Mehl
90 g kalte Butter
Salz · 1 EL Essig

Für die Füllung:
100 g gekochter Hinterschinken
(in Scheiben)
1 mittelgroße Stange Lauch
1 kleine Zwiebel · mildes Chilisalz
milde Chiliflocken
frisch geriebene Muskatnuss
1 kleine geriebene
Knoblauchzehe
½ TL geriebener Ingwer
5 Eigelb · 300 g Sahne
50 g geriebener Gouda (oder
Emmentaler)

Außerdem:
Mehl zum Ausrollen
Butter für die Form

1 Für den Teig das Mehl auf die Arbeitsfläche häufen und eine Mulde hineindrücken. Die kalte Butter in Würfel schneiden und mit 1 Prise Salz, 70 ml kaltem Wasser und dem Essig zum Mehl geben und alles zu einem glatten Teig verkneten. Den Teig zu einem flachen Ziegel formen, in Frischhaltefolie wickeln und im Kühlschrank etwa 1 Stunde ruhen lassen.

2 Inzwischen für die Füllung den Schinken in etwa ½ cm breite Streifen schneiden. Den Lauch putzen, längs halbieren, gründlich waschen und quer in Streifen schneiden. Die Zwiebel schälen und in feine Streifen schneiden.

3 Eine Pfanne bei mittlerer Temperatur ohne Fett erhitzen, Zwiebel und Lauch hineingeben und mit Chilisalz, 1 Prise Chiliflocken und etwas Muskatnuss würzen. Knoblauch und Ingwer dazugeben und alles wenige Minuten dünsten. Vom Herd nehmen, etwas abkühlen lassen und den Schinken untermischen. Die Eigelbe und die Sahne in einem hohen Rührbecher mit dem Stabmixer verrühren und den Guss mit Chilisalz und Muskatnuss würzen.

4 Den Backofen auf 200 °C vorheizen. Den Teig auf der bemehlten Arbeitsfläche zu einem etwa 3 mm dicken Kreis (etwa 30 cm Ø) ausrollen. Die Form mit wenig Butter einfetten, mit dem Teig auslegen und einen Rand formen. Die Lauchmischung in der Form verteilen, die Eigelb-Sahne-Mischung darübergießen und zuletzt den Käse gleichmäßig darüberstreuen.

5 Die Quiche im Ofen auf der unteren Schiene etwa 40 Minuten goldbraun backen. Herausnehmen und kurz abkühlen lassen. Zum Servieren in Stücke schneiden und nach Belieben versetzt auf einem Holzbrett anrichten.

Mein Tipp

Besonders knusprig wird der Boden, wenn man ihn vorher blindbäckt. Dafür den Teig in der Form mit Backpapier belegen und mit getrockneten Hülsenfrüchten auffüllen. Dann den Boden im auf 200 °C vorgeheizten Backofen etwa 10 Minuten backen. Aus dem Ofen nehmen, das Backpapier und die Hülsenfrüchte entfernen und den Teigboden noch 15 Minuten fast farblos backen. Anschließend die Füllung daraufgeben und die Quiche 30 bis 40 Minuten fertig backen.

Avocadoaufstrich und Blumenkohl-Curry-Frischkäse

Zutaten für 4 Personen

Für den Avocadoaufstrich:
1 reife Avocado
1 unbehandelte Limette
100 g Speisequark · 1 EL Olivenöl
100 g Crème fraîche
1–2 TL Wasabi-Paste
½ Knoblauchzehe
½ TL geriebener Ingwer
1 EL gehackte Pistazienkerne
1 EL Koriandergrün
(frisch geschnitten)
Salz · mildes Chilipulver

Für den Blumenkohl-
Curry-Frischkäse:
5 EL Milch
½–1 gestr. TL mildes Currypulver
250 g Doppelrahmfrischkäse
100 g Blumenkohlröschen
Salz · 1 Ei
1 EL flüssige braune Butter
(siehe S. 112) · 1 EL Omega-3-Öl
1–2 TL Schnittlauchröllchen
Pfeffer aus der Mühle
mildes Chilipulver

1 Für den Avocadoaufstrich die Avocado halbieren und den Kern entfernen. Die Avocadohälften schälen, das Fruchtfleisch in grobe Stücke schneiden, in eine Schüssel geben und mit einer Gabel zerdrücken. Die Limette heiß waschen, trocken reiben und die Schale fein abreiben. Die Limette halbieren und 2 TL Saft auspressen.

2 Den Quark mit Olivenöl und Crème fraîche unter das Avocadopüree rühren. Mit Wasabi, Limettensaft und -schale würzen. Den Knoblauch schälen und auf der Zestenreibe fein dazureiben. Ingwer, Pistazien und Koriander unterrühren. Zuletzt den Aufstrich mit Salz und 1 Prise Chilipulver würzen.

3 Für den Blumenkohl-Curry-Frischkäse die Milch erhitzen, vom Herd nehmen, das Currypulver hineinrühren und 1 Minute ziehen lassen. Danach den Frischkäse mit der Currymilch glatt verrühren. (Dabei je nach Konsistenz des Frischkäses bei Bedarf noch etwas mehr Milch dazugeben.)

4 Die Blumenkohlröschen in einem Topf kochendem Salzwasser fast weich garen. In ein Sieb abgießen, kalt abschrecken und abtropfen lassen, dann in kleine Stücke schneiden. Das Ei in reichlich Wasser etwa 10 Minuten kochen, kalt abschrecken, pellen und ebenfalls in kleine Stücke schneiden.

5 Die Blumenkohl- und Eistücke mit dem Curryfrischkäse mischen. Dann die braune Butter mit dem Öl und dem Schnittlauch dazugeben und unterrühren. Zuletzt den Blumenkohl-Curry-Frischkäse mit Salz, Pfeffer und 1 Prise Chili abschmecken.

6 Zum Servieren am Büfett beide Aufstriche jeweils in eine Schüssel oder mehrere kleine Schalen oder kleine Gläser füllen.

Mein Tipp

Beide Aufstriche schmecken mit Bauernbrot, Baguette und Ciabatta. Auch Räucherlachs und gebeizter Lachs (siehe S. 50) passen gut dazu. Die Aufstriche halten sich zugedeckt im Kühlschrank 1 bis 2 Tage.

Gefülltes Fladenbrot mit Räucherfisch und Radieschen

1 Das Fladenbrot halbieren und die obere Hälfte in kleine Würfel schneiden. Die Würfel in einer Pfanne in der Butter goldbraun und knusprig braten. Herausnehmen, auf Küchenpapier abtropfen lassen.

2 Für die Füllung die geräucherten Forellenfilets klein schneiden. Die Radieschen putzen, waschen und in Stifte schneiden. Die Avocado halbieren und den Kern entfernen. Die Avocadohälften schälen und in Würfel schneiden.

3 Den Frischkäse mit der Milch, dem Tafelmeerrettich und den geschnittenen Kräutern glatt rühren. Die Radieschen, die Avocadowürfel und die Forellenstücke hinzufügen und alles gut verrühren. Die Masse mit Salz, Räucherpaprika, Pfeffer, 1 Prise Zucker und einigen Tropfen Zitronensaft kräftig würzen.

4 Die Füllung gleichmäßig auf das Fladenbrot streichen, die gerösteten Brotwürfel daraufstreuen und etwas festdrücken. Zum Servieren das gefüllte Fladenbrot auf eine Platte setzen und wie eine Torte in Stücke schneiden.

Zutaten für 4 Personen
1 großes türkisches Fladenbrot
(ca. 30 cm Ø) · 4 EL Butter
4 geräucherte Forellenfilets (à ca.
200 g; ohne Haut und Gräten)
1 Bund Radieschen
1 reife, große Avocado
600 g Doppelrahmfrischkäse
4–6 EL Milch
80 g Tafelmeerrettich
(aus dem Glas)
3 EL gemischte Kräuterblätter
(z. B. Basilikum, Dill, Kerbel,
Petersilie; frisch geschnitten) · Salz
½ TL Räucherpaprikapulver
(Piment de la Vera picante)
Pfeffer aus der Mühle · Zucker
einige Tropfen Zitronensaft

Mein Tipp

Fein schmeckt auch ein orientalischer Auberginen-Paprika-Aufstrich: Dafür 2 Auberginen mit einem Messer rundum mehrmals einstechen und bei 180 °C auf einem Blech im Backofen 30 Minuten garen. Dann die Grillfunktion dazuschalten und die Auberginen weitere 20 Minuten unter gelegentlichem Wenden schwarz rösten. Herausnehmen, 20 bis 30 Minuten abkühlen lassen, dann die Haut abziehen. Die Auberginen auf einem Sieb abtropfen und vollkommen abkühlen lassen. Inzwischen je ½ grüne, gelbe und rote Paprikaschote entkernen, waschen und in kleine Würfel schneiden. Das Auberginenfleisch in etwa ½ cm große Stücke hacken. Mit den Paprikawürfeln, 400 g Frischkäse, 100 g Tahin (Sesampaste) und 2 EL mildem Olivenöl verrühren. Mit Chilisalz, je ½ TL gemahlenem Kreuzkümmel, gemahlenem Kardamom und Ingwerpulver, ¼ TL arabischem Kaffeegewürz und 1 Spritzer Zitronensaft würzen. Beide Aufstriche können Sie mehrere Stunden oder sogar am Tag davor zubereiten und bis zur Verwendung im Kühlschrank lagern.

Kürbissuppe mit Brezen-Croûtons

Zutaten für 4 Personen

Für die Kürbissuppe:
500 g Hokkaido-Kürbis
¾ l Hühnerbrühe
(oder Gemüsebrühe)
1 Lorbeerblatt
3 Scheiben Ingwer
1 Knoblauchzehe (in Scheiben)
1 EL mildes Currypulver
150 g Sahne
40 g kalte Butter
mildes Chilisalz

Für die Croûtons:
1 Laugenstange
1 EL Butter
1 Stück Zimtrinde
¼ ausgekratzte Vanilleschote
mildes Chilisalz

1 Für die Suppe den Kürbis waschen, putzen und halbieren. Die Fasern und Kerne mit einem Löffel entfernen. Das Kürbisfleisch samt Schale in etwa 1 ½ cm große Würfel schneiden.

2 Die Kürbiswürfel mit der Brühe in einen Topf geben und Lorbeerblatt, Ingwer und Knoblauch hinzufügen. Alles knapp unter dem Siedepunkt 20 bis 30 Minuten weich dünsten.

3 Das Currypulver unterrühren, die Sahne dazugießen und die Suppe mit dem Stabmixer fein pürieren. Die kalte Butter mit dem Stabmixer unterrühren und die Suppe mit Chilisalz abschmecken.

4 Währenddessen für die Croûtons von der Laugenstange das Salz entfernen und die Stange in Würfel schneiden. Eine Pfanne bei mittlerer Temperatur erhitzen und die Butter darin erhitzen. Die Laugenwürfel und die Vanilleschote dazugeben, etwas Zimt darüberreiben und die Croûtons darin hell anrösten. Leicht mit Chilisalz würzen, herausnehmen und auf Küchenpapier abtropfen lassen.

5 Zum Servieren die Kürbissuppe mit dem Stabmixer nochmals aufschäumen, auf vorgewärmte tiefe Teller verteilen und die Brezen-Croûtons dazu reichen. Alternativ die Suppe mit einer Wärmeplatte auf das Büfett stellen, sodass sich jeder selbst bedienen kann (Foto siehe S. 40/41).

Mein Tipp

Anstatt des Hokkaido-Kürbisses eignet sich für die Suppe auch ein Muskatkürbis. Diesen muss man jedoch schälen. Dafür am besten in Spalten schneiden und die Kerne entfernen. Die Spalten mit der Schale im Ofen bei 180 °C etwa 30 Minuten rösten und anschließend das weiche Fruchtfleisch mit einem Löffel aus der Schale schaben.
Für eine asiatische Note die Sahne durch Kokosmilch ersetzen und zum Aromatisieren Zitronengras und unbehandelte Limettenschale in der Suppe 5 Minuten mitziehen lassen.

Kalte Mandel-Joghurt-Suppe mit Fladenbrot

1 Für das Fladenbrot die Milch leicht erwärmen und die Hefe darin auflösen. Das Mehl in eine Schüssel sieben, die Hefemilch, den Zucker, das Salz und 1 EL Olivenöl dazugeben und alle Zutaten mit den Knethaken des Handrührgeräts zu einem glatten Teig verkneten. Die Schüssel mit Frischhaltefolie bedecken und den Teig bei Zimmertemperatur 1 Stunde gehen lassen.

2 Den Hefeteig nochmals durchkneten, in 12 gleich große Stücke teilen und jedes Stück mit wenig Mehl zu einer Kugel formen. Die Kugeln zugedeckt noch 20 Minuten gehen lassen.

3 Den Backofen auf 200 °C vorheizen. Die Teigkugeln mit wenig Mehl zu Teigfladen ausrollen, nebeneinander auf zwei mit Backpapier belegte Backbleche setzen und mit einer Gabel mehrmals einstechen.

4 Das Zatar mit 3 EL Olivenöl verrühren, mit Salz würzen und gleichmäßig auf die Fladen verteilen, dabei einen etwa 1 cm breiten Rand frei lassen. Die Fladen im Ofen etwa 10 Minuten hell backen. Mit dem restlichen Olivenöl beträufeln und lauwarm abkühlen lassen.

5 Für die Mandel-Joghurt-Suppe die Mandeln in einer Pfanne ohne Fett unter ständigem Rühren hellbraun rösten, herausnehmen und abkühlen lassen. Den Joghurt mit der Brühe und der Sahne verrühren. Mit Zitronensaft, Zitronenschale, Salz, 1 Prise Chilipulver, Knoblauch und Ingwer würzen.

6 Die Radieschen putzen, waschen und in feine Streifen schneiden oder hobeln. Mit dem Dill unter die Joghurtsuppe rühren. Zum Servieren die Joghurtsuppe in Tassen oder kleine Gläser verteilen, mit den Mandelblättchen bestreuen und das Fladenbrot dazu servieren.

Zutaten für 8 kleine Gläser

Für das Fladenbrot:
150 ml Milch
2 g frische Hefe (½ TL)
250 g Mehl
1 gestr. TL Zucker
1 gestr. TL Salz
6 EL mildes Olivenöl
Mehl zum Verarbeiten
25 g Zatar (siehe Tipp) · Salz

Für die Mandel-Joghurt-Suppe:
1 EL Mandelblättchen
400 g Naturjoghurt
400 ml kalte Gemüsebrühe
(entfettet) · 200 g Sahne
1 Spritzer Zitronensaft
½ TL abgeriebene unbehandelte
Zitronenschale
Salz · mildes Chilipulver
1 kleine geriebene Knoblauchzehe
½ TL geriebener Ingwer
6–8 Radieschen
1 EL Dillspitzen (frisch geschnitten)

Mein Tipp

Zatar wird traditionell im Vorderen Orient verwendet und besteht aus Kräutern, Sesam und Sumach. Anstelle der Zatar-Gewürzmischung können Sie auch gemischte getrocknete italienische Kräuter verwenden. Die Suppe hält sich im Kühlschrank mehrere Stunden frisch. Wer sie länger im Voraus zubereiten möchte, lässt die Radieschen und den Dill zunächst weg und gibt beides erst kurz vor dem Servieren hinein. Das Fladenbrot schmeckt am besten frisch gebacken. Der Teig kann jedoch ohne Weiteres über Nacht im Kühlschrank »gehen«. Am nächsten Tag nochmals durchkneten, ausrollen und 5 bis 10 Minuten Zimmertemperatur annehmen lassen. Dann, wie beschrieben, mit dem Zatar-Öl bestreichen und backen.

Piña-Colada-Suppe

Zutaten für 8–10 Kaffeetassen

Für die Reisflocken:
4–5 EL Öl zum Frittieren
2–3 EL grüne Reisflocken
(ersatzweise weiße Reisflocken;
siehe Tipp) · mildes Chilisalz

Für die Suppe:
100 g Zuckerschoten
½ l Hühnerbrühe
300 ml Kokosmilch
100 ml Ananassaft
1 geh. EL Speisestärke
2 TL Biryani-Curry (ersatzweise eine andere Currysorte oder
1 TL gelbe Thai-Currypaste)
1 TL Strohrum
mildes Chilisalz · 20 g kalte Butter

1 Für die Reisflocken das Öl in einer Pfanne bei mittlerer Temperatur erhitzen. Die Reisflocken hineinstreuen und 5 bis 10 Sekunden frittieren, bis sie aufspringen. In ein Sieb abgießen, auf Küchenpapier abtropfen lassen und mit Chilisalz würzen.

2 Für die Suppe die Zuckerschoten putzen, waschen und schräg in etwa ½ cm breite Streifen schneiden. Die Brühe mit der Kokosmilch und dem Ananassaft in einen Topf füllen und aufkochen lassen.

3 Die Stärke in wenig kaltem Wasser glatt rühren, in die Suppe geben und köcheln lassen, bis diese leicht sämig bindet. Die Zuckerschoten mit dem Curry hineinrühren und darin wenige Minuten ziehen lassen, bis die Zuckerschoten bissfest sind. Zuletzt die Suppe mit Rum verfeinern und mit Chilisalz würzen, warm halten.

4 Zum Servieren die Suppe durch ein Sieb in einen weiteren Topf gießen, die Zuckerschoten in vorgewärmte Tassen verteilen. Die Suppe wieder auf den Herd stellen, die kalte Butter dazugeben und die Suppe mit dem Stabmixer nochmals aufschäumen. Die Suppe in die Tassen verteilen und mit den knusprigen Reisflocken bestreuen.

Mein Tipp

Diese Suppe kann man mit gebratenen Garnelenspießen im Handumdrehen »toppen«. Dafür werden geschälte Garnelen auf Holzspieße gesteckt und auf beiden Seiten in einer Pfanne in wenig Fett glasig gebraten. Mit etwas Chilisalz würzen und auf die Tassen legen. Oder Sie veredeln die Suppe mit pochierten Lachswürfeln. Dazu in einem Topf Salzwasser aufkochen und auf 80 bis 90 °C abkühlen lassen. Ein Stück Lachsfilet in 1 ½ bis 2 cm große Würfel schneiden, in das Salzwasser legen und 2 bis 3 Minuten glasig durchziehen lassen. Die Fischwürfel abgießen, auf die vorgewärmten Tassen verteilen und die Suppe darübergeben.
Gemüsefans variieren die Suppe mit einer bunten Auswahl an Gemüse, beispielsweise mit Streifen von geschälten roten Paprikaschoten oder kleinen, in Salzwasser blanchierten Blumenkohl- oder Brokkoliröschen. Grüne Reisflocken sind in Asialäden oder online erhältlich. Ihre grüne Farbe erhalten sie meist durch die Zugabe von Pandanblättern. Diese dunkelgrünen, großen langen Blätter werden in der asiatischen Küche gerne zusammen mit Reis gekocht, da sie selbst ein feines Reisaroma verströmen und so den Reisgeschmack unterstützen.

Gebeizter Lachs mit Honig-Dill-Sauce

Zutaten für 4 Personen
Für den Lachs:
*je 3 Streifen unbehandelte Orangen-
und Zitronenschale*
*2 Bund Dill (ersatzweise getrocknete
Dillspitzen)*
1 Bund Petersilie
*je 1 TL gelbe Senf- und Korianderkörner · ½ TL Wacholderbeeren
(leicht zerdrückt)*
*1 TL schwarze Pfefferkörner
(grob zerkleinert) · 30 g Salz
15 g Zucker · 1 EL Olivenöl
400 g Lachsfilet (mit Haut)*

Für die Honig-Dill-Sauce:
*150 g Crème fraîche
1 TL Honig · 1 TL scharfer Senf
1 EL Dillspitzen (frisch geschnitten)
Salz · mildes Chilipulver*

1 Für den Lachs die Zitronen- und Orangenschalen in dünne Streifen schneiden. Dill und Petersilie waschen, trocken schütteln und samt den Stielen grob hacken.

2 Die Zitrusschalen, den gehackten Dill und die gehackte Petersilie in einer Schüssel mit Senf- und Korianderkörnern, Wacholderbeeren, Pfefferkörnern, Salz, Zucker und Olivenöl gründlich mischen und zu einer Trockenmarinade verrühren.

3 Das Lachsfilet waschen, trocken tupfen und in einen Vakuumierbeutel legen. Vollständig mit der Trockenmarinade bedecken und vakuumieren. Den Lachs im Kühlschrank 4 Tage durchziehen lassen.

4 Nach 4 Tagen den Beutel öffnen, den Fisch herausnehmen und die Marinade entfernen. Den Lachs mit Küchenpapier trocken tupfen und bis zur Verwendung zugedeckt kühl stellen oder einfrieren. Dazu gegebenenfalls noch einmal vakuumieren.

5 Für die Honig-Dill-Sauce die Crème fraîche in einer kleinen Schüssel mit Honig, Senf und Dill gründlich verrühren und mit Salz und 1 Prise Chilipulver abschmecken.

6 Zum Servieren den Lachs mit einem scharfen Messer schräg in feine Scheiben schneiden und auf einer Platte für das Büfett anrichten. Die Honig-Dill-Sauce dazu reichen, dazu nach Belieben in kleine Schälchen füllen (Foto siehe S. 40/41).

Mein Tipp

Wenn Sie kein Vakuumiergerät haben, können Sie den Lachs mit der Marinade auch einfach sorgfältig in Frischhaltefolie wickeln und so verpackt im Kühlschrank durchziehen lassen.

Nudelsalat mit Paprika und Mais

1 Für das Dressing die Brühe mit dem Bruschetta-Gewürz in einem Topf kurz erhitzen. Dann vom Herd nehmen und in einen hohen Rührbecher füllen. Essig und Olivenöl dazugeben und alles mit dem Stabmixer gründlich verrühren. Das Dressing mit Salz, Pfeffer, Räucherpaprika und 1 Prise Zucker kräftig abschmecken.

2 Die Nudeln in reichlich kochendem Salzwasser mit Chili und Ingwer bissfest garen. In ein Sieb abgießen, kurz abtropfen lassen und im Dressing wenden. Chili und Ingwer dabei wieder entfernen.

3 Den Schinken in Streifen schneiden. Die Paprikaschote halbieren, entkernen, waschen und in Streifen schneiden. Die Tomaten waschen und halbieren. Die Erbsen in kochendem Salzwasser 1 Minute garen, in ein Sieb abgießen, kalt abschrecken und abtropfen lassen. Den Mais auf einem Sieb abtropfen lassen.

4 Die Schinkenstreifen mit Paprika, Tomaten, Erbsen und Mais unter die marinierten Nudeln mischen. Die Petersilie hinzufügen und den Nudelsalat gegebenenfalls etwas nachwürzen. Den Salat in einer großen Schüssel oder in kleinen Gläsern auf dem Büfett servieren.

Mein Tipp

Gebratene Pilze machen den Nudelsalat noch einen Tick würziger. Wer also »Schwammerl« liebt, putzt 150 bis 200 g Pilze, zum Beispiel weiße oder braune Champignons, gründlich und reibt sie trocken ab. Danach die Pilze in etwa ½ cm dicke Scheiben schneiden. Eine Pfanne bei mittlerer Temperatur erhitzen und etwas Öl mit einem Pinsel darin verstreichen. Die Pilze hineingeben, ohne zu rühren etwa 2 Minuten hell anbraten, wenden und weitere 2 Minuten braten. Mit Chilisalz, 1 Prise gemahlenem Kümmel und 1 Msp. abgeriebener unbehandelter Zitronenschale würzen und etwas gehackte Petersilie hinzufügen. Damit die Pilze kein Wasser ziehen, sollte eine große, heiße Pfanne verwendet werden. Erst wenn die Pilze auf einer Seite gebräunt sind, sollten sie gewendet werden. Die Pilze ganz zum Schluss mit Salz würzen und dann zusammen mit den anderen Gemüsesorten unter den Nudelsalat mischen.

Zutaten für 4 Personen

Für das Dressing:
200 ml Gemüsebrühe
2 EL Bruschetta-Gewürz
2 EL Rotweinessig
3 EL mildes Olivenöl
Salz · Pfeffer aus der Mühle
¼ TL Räucherpaprikapulver
(Piment de la Vera picante)
Zucker

Außerdem:
400 g Gnocchetti sardi (oder Spirelli, Fusilli, Hörnchennudeln)
Salz
1 kleine getrocknete rote Chilischote
2 Scheiben Ingwer
100 g Putenschinken (oder gekochter Hinterschinken; in Scheiben)
1 rote Paprikaschote
100 g Cocktailtomaten
80 g Erbsen (tiefgekühlt; aufgetaut)
80 g Maiskörner (aus dem Glas)
1 EL Petersilienblätter
(frisch geschnitten)

Crevetten-Salat mit Kartoffel-Fenchel-Rösti

Zutaten für 4 Personen

Für den Crevetten-Salat:
300 g Crevetten (aus der Lake oder tiefgekühlt)
150 g Salatgurke
1–2 TL Dillspitzen (frisch geschnitten)
1 TL Zitronensaft
1 EL Olivenöl
mildes Chilisalz
100 g griech. Joghurt (10 % Fett)
1 Msp. abgeriebene unbehandelte Zitronenschale

Für die Kartoffel-Fenchel-Rösti:
350 g festkochende Kartoffeln
½ kleine Fenchelknolle (ca. 150 g)
Salz · Pfeffer aus der Mühle
frisch geriebene Muskatnuss
1–2 EL Öl

Außerdem:
einige Dillspitzen zum Garnieren

1 Für den Salat die Crevetten in ein Sieb geben, kalt abbrausen und abtropfen lassen. Die Gurke putzen und waschen. Längs halbieren, die Kerne entfernen und die Gurke mit der Schale in etwa ½ cm große Würfel schneiden.

2 Die Crevetten, die Gurkenwürfel und den Dill mischen. Mit Zitronensaft und Olivenöl marinieren und mit Chilisalz würzen. Den Joghurt mit der Zitronenschale glatt rühren und mit Chilisalz würzen. In einen Einweg-Dressierbeutel oder eine kleine Dressierflasche füllen und beiseitestellen.

3 Für die Rösti die Kartoffeln schälen, waschen und auf der Gemüsereibe in feine Streifen hobeln. Den Fenchel putzen, waschen und ebenfalls in Streifen hobeln. Kartoffel- und Fenchelstreifen mischen, mit Salz, Pfeffer und Muskatnuss würzen und alles wenige Minuten ziehen lassen. Dann die Kartoffel-Fenchel-Masse in ein Sieb geben und mit den Händen gut ausdrücken.

4 In einer Pfanne 1 EL Öl erhitzen, mit einem Löffel nebeneinander kleine Portions-Rösti hineinsetzen und flach drücken. Die Rösti bei mittlerer Hitze knusprig braun braten, dabei einmal wenden. Nach dem Wenden bei Bedarf noch etwas Öl hinzufügen. Die Rösti herausnehmen und auf Küchenpapier abtropfen lassen.

5 Zum Servieren die Rösti auf kleine Teller oder eine Platte setzen, den Crevetten-Salat darauf verteilen und mit dem Joghurt kleine Punkte darum herumsetzen. Mit Dill garnieren.

Mein Tipp

Crevetten finden Sie sowohl in der Lake in Gläsern oder tiefgekühlt im Handel.
Der Crevetten-Salat hält sich zugedeckt mehrere Stunden im Kühlschrank. Vor dem Servieren sollte er nochmals abgeschmeckt werden. Auch die Rösti können im Vorhinein gebraten werden. Zum Servieren lässt man sie im auf 100 °C vorgeheizten Backofen einige Minuten erwärmen oder wendet sie nochmals kurz in einer heißen Pfanne.

Gedeckte Hackfleischtarte

1 Für die Hackfüllung den Spinat verlesen, waschen und trocken schütteln, dabei grobe Stiele entfernen. Den Spinat in Salzwasser einmal aufkochen, in ein Sieb abgießen, kalt abschrecken und abtropfen lassen. Das übrige Wasser mit den Händen gut herausdrücken, dann den Spinat klein schneiden. Die Toastbrotwürfel in einer großen Schüssel mit der Milch mischen.

2 Die Zwiebel schälen und in feine Würfel schneiden. Die Zwiebelwürfel in einer Pfanne mit 100 ml Wasser weich garen, bis die Flüssigkeit eingekocht ist. Die Eier mit Eiweiß, Salz, Pfeffer, 1 Prise Chili, Senf, Muskatnuss, Zitronen- und Orangenschale verquirlen und zum eingeweichten Toastbrot geben. Den Knoblauch schälen und fein reiben. Beide Hackfleischsorten, Spinat, Zwiebel, Majoran, Knoblauch und Petersilie ebenfalls zur Brotmasse geben und alles gut mischen.

3 Den Backofen auf 200 °C vorheizen. Den Boden der Tarteform mit Butter einfetten. Die Hälfte des Blätterteigs auf der bemehlten Arbeitsfläche zu einem Kreis (etwa 35 cm Ø) ausrollen. Die Tarteform damit auslegen, der Rand soll dabei etwas überstehen. Die Hackfleischmasse auf den Boden geben, glatt streichen und die überhängenden Teigränder nach innen einschlagen. Das Eigelb mit der Sahne verquirlen und den Teigrand damit bestreichen.

4 Den übrigen Blätterteig zu einem Kreis (etwa 26 cm Ø) ausrollen und auf die Hackfleischmasse legen. Die Oberfläche ebenfalls mit der Eigelb-Sahne-Mischung bestreichen und darauf mit einem Messerrücken oder einer Gabel nach Belieben dekorative Muster ziehen. Die Tarte im Ofen auf der mittleren Schiene etwa 50 Minuten backen. Aus dem Ofen nehmen und vor dem Servieren etwas abkühlen lassen.

Zutaten für 1 Tarteform (26 cm Ø)

Für die Hackfüllung:
150 g Blattspinat · Salz
80 g Toastbrot (in Würfeln)
100 ml Milch · ½ Zwiebel
2 Eier · 1 Eiweiß
Pfeffer aus der Mühle
mildes Chilipulver
2 TL scharfer Senf
frisch geriebene Muskatnuss
abgeriebene Schale von ½ unbehandelten Zitrone
1 Msp. abgeriebene unbehandelte Orangenschale
1 Knoblauchzehe
250 g Kalbshackfleisch
250 g Schweinehackfleisch
2 TL getrockneter Majoran
2 EL Petersilienblätter
(frisch geschnitten)

Für den Boden:
500 g Blätterteig (aus dem Kühlregal oder tiefgekühlt)
1 Eigelb · 1 EL Sahne

Außerdem:
Butter für die Form
Mehl für die Arbeitsfläche

Mein Tipp

Um zu testen, ob die Fleischfüllung optimal gewürzt ist, können Sie aus der Masse eine Probefrikadelle formen und in einer Pfanne braten. Die Blätterteigreste lassen sich als Dekoration verwenden: Dazu die übrigen Teigstücke übereinanderlegen, ausrollen und beliebige Motive ausstechen. Die Teigmotive auf die Tarte legen und mit der Eigelb-Sahne-Mischung bestreichen. Die Tarte schmeckt lauwarm, aber auch kalt, und lässt sich daher ausgezeichnet vorbacken.

Offene Omeletts mit Gemüse-Würstel-Gröstl

Zutaten für 2 Omeletts

Für das Gröstl:
2 Frühlingszwiebeln
1 Stange Staudensellerie
5 feste, geschlossene Egerlinge
60 g Cocktailtomaten
50 ml Gemüsebrühe
5 festkochende Mini-Kartoffeln
Salz · 1 TL Öl
Pfeffer aus der Mühle
getrockneter Majoran
gemahlener Kümmel
1 Msp. abgeriebene unbehandelte Zitronenschale
1 TL Butter
6 Nürnberger Rostbratwürstel

Für die Omeletts:
8 Eier · 8 EL Milch
Pfeffer aus der Mühle
frisch geriebene Muskatnuss
1 TL Petersilienblätter (frisch geschnitten)
80 g Kuhmilch-Hirtenkäse (Salzlakenkäse)
1 TL Öl · mildes Chilisalz

1 Für das Gröstl die Frühlingszwiebeln und den Sellerie putzen und waschen. Die Frühlingszwiebeln schräg in etwa 2 cm lange Stücke schneiden, den Sellerie schräg in etwa ½ cm breite Stücke schneiden. Die Pilze putzen, trocken abreiben und vierteln. Die Tomaten waschen und halbieren.

2 Frühlingszwiebeln und Sellerie mit der Brühe in einen Topf geben, mit einem Blatt Backpapier bedecken und knapp unter dem Siedepunkt 6 bis 7 Minuten bissfest garen. Die Brühe darf dabei weitgehend verkochen.

3 Die Kartoffeln mit der Schale in Salzwasser weich garen. Abgießen und kurz ausdampfen lassen, dann möglichst heiß pellen und in Scheiben schneiden. Eine Pfanne bei mittlerer Temperatur erhitzen und ½ TL Öl darin verstreichen. Die Kartoffeln darin braten, dann die Egerlinge dazugeben und noch etwas mitbraten. Mit Salz, Pfeffer, je 1 Prise Majoran und Kümmel sowie Zitronenschale würzen. Das Gemüse, die Tomaten und die Butter untermischen.

4 Eine Pfanne bei mittlerer Temperatur erhitzen und das übrige Öl darin verstreichen. Die Würstel darin auf beiden Seiten anbraten, herausnehmen und schräg in etwa 1 ½ cm breite Scheiben schneiden.

5 Für die Omeletts den Backofengrill vorheizen und das Ofengitter auf die unterste Schiene schieben. Die Eier und die Milch in einer Schüssel mit dem Schneebesen verrühren. Mit Pfeffer und einem Hauch Muskatnuss würzen und die Petersilie hineinrühren. Den Käse abtropfen lassen und in Würfel schneiden.

6 Eine mittelgroße beschichtete ofenfeste Pfanne bei mittlerer Temperatur erhitzen und ½ TL Öl mit einem Pinsel darin verstreichen. Die Hälfte der Eiermischung hineingeben und die Hälfte des Käses darauf verteilen. Das Omelett in der Pfanne auf dem Herd etwa 30 Sekunden anbacken lassen.

7 Dann die Pfanne in den Ofen stellen und das Omelett darin 2 bis 3 Minuten backen, bis es leicht soufliert. Herausnehmen, mit Chilisalz würzen und warm halten. Aus den restlichen Zutaten auf die gleiche Weise ein zweites Omelett zubereiten.

8 Zum Servieren die Omeletts auf vorgewärmte Teller oder eine Platte setzen, jeweils die Hälfte des Gröstls darauf anrichten und die Würstchenscheiben darauf verteilen.

Strammer Elmar

Zutaten für 4–8 Personen

Für den Kräuterfrischkäse:
350 g Doppelrahmfrischkäse
1–2 EL Milch
2 EL gemischte Kräuterblätter
(frisch geschnitten; siehe Tipp)
2 EL flüssige braune Butter
(siehe S. 112)
1 TL abgeriebene unbehandelte
Limettenschale
mildes Chilisalz

Für die Spiegeleier:
1 TL braune Butter
Salz · 8 Wachteleier
milde Chiliflocken

Außerdem:
2 Essiggurken
4 Cocktailtomaten · 2 Radieschen
2 Handvoll Salatblätter (z. B.
Romana, Castellfranco, Kopfsalat)
4 Scheiben Bauernbrot
(à ca. 30 cm Länge)
180 g gemischter Wurst- und
Schinkenaufschnitt (siehe Tipp)
8–12 Basilikumspitzen zum
Garnieren

1 Für den Kräuterfrischkäse den Frischkäse mit der Milch glatt rühren. Die geschnittenen Kräuter, die braune Butter und die Limettenschale unterrühren und alles mit Chilisalz würzen.

2 Die Essiggurken längs in Scheiben schneiden. Die Tomaten waschen und halbieren oder vierteln. Die Radieschen putzen, waschen und in Scheiben schneiden. Die Salatblätter putzen, waschen und trocken schleudern.

3 Die Brotscheiben mit dem Kräuterfrischkäse bestreichen und mit Wurstscheiben und Salatblättern belegen.

4 Für die Spiegeleier eine Pfanne bei milder Temperatur erhitzen, die braune Butter mit einem Pinsel darin verstreichen und etwas salzen. Die Wachteleier mit einem Sägemesser anritzen, in die Pfanne schlagen und darin 2 bis 3 Minuten stocken lassen. Zuletzt mit 1 Prise Chiliflocken bestreuen.

5 Zum Servieren jeweils 2 Wachteleier auf 1 Brotscheibe setzen und diese auf eine Platte legen, nach Belieben in kleinere Stücke schneiden. Mit Essiggurken, Cocktailtomaten, Radieschen und Basilikum garnieren.

Mein Tipp

Für den Kräuterfrischkäse können Sie Kräuter nach Belieben wählen: Sehr gut eignen sich Basilikum, Dillspitzen, einige Estragon- und Liebstöckelblätter, aber genauso Kerbel, Petersilie und Schnittlauch. Der Aufschnitt kann ebenfalls nach Belieben zusammengestellt sein, beispielsweise aus Thüringer Rotwurst beziehungsweise schwarzem Presssack, schwarz geräuchertem Kochschinken, Schwarzwälder oder Katenschinken, grobem Leberkäse, Kalbsleberkäse oder Bierwurst.

Roastbeef mit Remoulade und Kartoffelspalten

Zutaten für 4 Personen

Für das Roastbeef:
1 TL Öl
1 kg Rinderrücken (küchenfertig)
40 g braune Butter (siehe S. 112)
1 TL Kardamomkapseln
1 Knoblauchzehe (in Scheiben)
4 Scheiben Ingwer
½ ausgekratzte Vanilleschote
4 kleine getrocknete rote Chilischoten · Salz

Für die Remoulade:
1 hart gekochtes Ei
4 eingelegte Sardellenfilets
2 TL Kapern
1 Essiggurke (ca. 70 g) + 1 EL Essiggurkenwasser
200 g Schmand
1 TL Dijon-Senf
1 TL Sahnemeerrettich
1 EL Schnittlauchröllchen
mildes Chilisalz · Zucker

Für die Bratkartoffeln:
400 g festkochende Mini-Kartoffeln
Salz
2 Frühlingszwiebeln
1–2 TL Bratkartoffelgewürz
mildes Chilisalz

Außerdem:
2 EL frisch gehobelte Meerrettichspäne
ca. 200 g Mixed Pickles (aus dem Glas)
1 EL Schnittlauchröllchen

1 Für das Roastbeef den Backofen auf 100 °C vorheizen. Auf die mittlere Schiene ein Ofengitter und darunter ein Abtropfblech schieben. Eine Pfanne bei mittlerer Temperatur erhitzen und das Öl mit einem Pinsel darin verstreichen. Die Rinderlende in der Pfanne bei mittlerer Hitze rundum anbraten. Auf das Ofengitter setzen und im Ofen je nach Dicke (und tatsächlicher Hitze im Ofen) 1 ½ bis 2 ½ Stunden rosa durchziehen lassen.

2 Inzwischen für die Remoulade das Ei pellen und mit Sardellen, Kapern und Essiggurke fein hacken. Schmand, Gurkenwasser, Senf und Meerrettich glatt rühren. Ei, Sardellen, Kapern, Essiggurke und Schnittlauch hineinrühren und die Remoulade mit Chilisalz und 1 Prise Zucker würzen. Kühl stellen.

3 Für die Bratkartoffeln die Kartoffeln mit der Schale in Salzwasser weich garen. Abgießen und kurz ausdampfen lassen, möglichst heiß pellen und längs vierteln. Die Frühlingszwiebeln putzen, waschen und schräg in Ringe schneiden. Eine Pfanne bei mittlerer Temperatur erhitzen, die Kartoffeln darin ohne Fett hell anbraten. Die Frühlingszwiebeln dazugeben, mit Bratkartoffelgewürz und Chilisalz würzen und noch 1 bis 2 Minuten weiterbraten.

4 Für die Kardamombutter die braune Butter in eine große Pfanne geben und bei milder Hitze zerlassen. Kardamom, Knoblauch, Ingwer, Vanille und die Chilischoten darin erwärmen. Die Kardamombutter mit Salz würzen und das gebratene Roastbeef darin wenden.

5 Zum Servieren das Roastbeef in Scheiben schneiden, auf einer Platte anrichten und mit Meerrettichspänen, Mixed Pickles und Schnittlauch garnieren. Die Bratkartoffeln und die Remoulade jeweils in kleine Schälchen füllen und separat dazustellen. Übriges Roastbeef eignet sich für einen Graupensalat mit Roastbeef (siehe S. 106).

Mein Tipp

Serviert man das Roastbeef kalt, wendet man das Fleisch in einem Würzöl auf Olivenölbasis und schneidet es anschließend in dünne Scheiben. Statt Mixed Pickles schmecken auch Rettich-Karotten-Pickles: Dafür je 300 g Karotten und weißen Rettich putzen und schälen, Rettich längs vierteln. Beides in etwa ½ cm dicke Scheiben schneiden und in 2 Einmachgläser (à 500 ml Inhalt) füllen. ½ l Wasser mit 1 EL Salz, 2 EL Zucker, 9 EL Weißweinessig, 2 Lorbeerblättern, 2 getrockneten Chilischoten und 3 Ingwerscheiben aufkochen und das Gemüse übergießen. Die Gläser verschließen, Pickles 1 Tag durchziehen lassen.

Schweinshaxen mit Krautsalat

Zutaten für 4 Personen

Für die Schweinshaxen:
1 Zwiebel · 1 Lorbeerblatt
3 Gewürznelken · Salz
1 TL schwarze Pfefferkörner
1 TL ganzer Kümmel
2 hintere Schweinshaxen
(à ca. 1½ kg)

Für den Krautsalat:
1 kleiner Weißkohl (ca. 500 g)
je ca. 1 TL Salz und Zucker
2 EL Weißweinessig
2 EL mildes Salatöl
1 EL Petersilienblätter
(frisch geschnitten)
½ TL abgeriebene unbehandelte
Zitronenschale
½ TL ganzer Kümmel
mildes Chilisalz

1 Für die Schweinshaxen die Zwiebel schälen und das Lorbeerblatt mit den Gewürznelken auf der Zwiebel feststecken. In einem großen Topf reichlich Salzwasser aufkochen, die gespickte Zwiebel, Pfefferkörner und Kümmel hinzufügen. Die Schweinshaxen hineinlegen (sie sollten vollständig mit Wasser bedeckt sein) und mit geschlossenem Deckel knapp unter dem Siedepunkt 1½ Stunden ziehen lassen.

2 Den Backofen auf 200 °C (Umluft) vorheizen. Auf die mittlere Schiene ein Ofengitter und darunter ein Abtropfblech schieben. Nach der Garzeit die Haxen aus dem Topf nehmen, auf das Ofengitter setzen und im Ofen noch 1 Stunde kross braten.

3 Inzwischen für den Krautsalat den Weißkohl putzen, vierteln und fein hobeln, zuletzt den Strunk entfernen. Das gehobelte Kraut mit Salz und Zucker bestreuen, locker mischen und 10 bis 15 Minuten ziehen lassen.

4 Den Essig und das Öl mit Petersilie, Zitronenschale und Kümmel unter das Kraut mischen und den Salat mit Chilisalz würzen. Erneut 10 bis 15 Minuten ziehen lassen, dann nochmals abschmecken.

5 Zum Servieren die Schweinshaxen aus dem Ofen nehmen und mit einem Sägemesser am Knochen entlang einschneiden. Den Knochen durch Drehen auslösen und das Fleisch am Büfett in Portionen schneiden. Den Krautsalat in kleinen Schälchen daneben anrichten.

Mein Tipp

Verwenden Sie für den Krautsalat jungen Weißkohl oder Spitzkohl, reicht es, den Salat nur ein paar Minuten ziehen zu lassen. Zu den Schweinshaxen passt auch der Selleriesalat von S. 85 sehr gut.

Crema catalana

Zutaten für 4 ofenfeste Keramikförmchen (à etwa 100 ml Inhalt)

1 Vanilleschote
200 ml Milch
150 g Sahne
3 EL Zucker
4 Eigelb
1–2 EL feiner brauner Zucker

1 Die Vanilleschote längs aufschneiden und das Mark herauskratzen. Die Milch mit der Sahne in einen Topf gießen und die Hälfte des Zuckers, sowie das Vanillemark und die ausgekratzte Vanilleschote dazugeben.

2 Alles aufkochen und dabei gelegentlich umrühren, damit die Milch nicht anlegt. Die Vanillemilch vom Herd nehmen und mit geschlossenem Deckel noch etwa 15 Minuten ziehen lassen. Dann die Vanilleschote entfernen.

3 Den Backofen auf 120 °C vorheizen. Die Eigelbe mit dem restlichen Zucker in einer Schüssel gut verrühren, aber nicht schaumig schlagen. Die noch warme Vanillemilch unter die Eigelbmischung rühren und durch ein feines Sieb gießen.

4 Die Masse in die Förmchen füllen, diese in ein tiefes Backblech stellen und das Blech auf die mittlere Schiene in den Ofen schieben. Dann so viel heißes Wasser in das Blech gießen, dass die Förmchen maximal zur Hälfte im Wasser stehen. Die Creme im Ofen etwa 30 Minuten stocken lassen.

5 Nach spätestens 20 Minuten Garzeit zum ersten Mal die Konsistenz der Creme prüfen, bei Bedarf die Creme früher aus dem Ofen nehmen. Die Creme bei Zimmertemperatur abkühlen lassen und noch 1 Stunde kühl stellen.

6 Zum Servieren die Cremes gleichmäßig mit braunem Zucker bestreuen und mit dem Flambierbrenner (alternativ unter dem Backofengrill) karamellisieren. Auf dem Büfett anrichten.

Mein Tipp

Für eine flambierte Crema catalana nacheinander pro Förmchen etwa 1 TL hochprozentigen Rum in einen kleinen heißen Schöpflöffel geben, anzünden und auf den Karamell gießen. Bei mehreren Personen können Sie die Creme beispielsweise auch in 8 kleinere ofenfeste Schälchen (à etwa 50 ml Inhalt) füllen. Die Garzeit reduziert sich dann auf etwa 20 Minuten.

Bayerischer Smoothie

Zutaten für 8 kleine Gläser
*je 200 g Erdbeeren und Himbeeren
200 g Naturjoghurt
300 ml Milch (wahlweise Mandelmilch) · 2 EL Honig (wahlweise 4 EL Ahornsirup)
1 EL Omega-3-Öl
einige Tropfen Zitronensaft
1 Msp. abgeriebene unbehandelte Orangenschale
¼ TL grob gemahlene Kardamomsamen
1 Msp. Vanillemark*

1 Die Erdbeeren waschen, putzen und trocken tupfen, dann in Viertel schneiden. Die Himbeeren verlesen, waschen und trocken tupfen.

2 Die Erdbeeren und die Himbeeren in einen hohen Rührbecher geben. Den Joghurt und die Milch dazugießen und Honig, Öl und Zitronensaft hinzufügen. Alles mit Orangenschale, Kardamom und Vanille würzen und mit dem Stabmixer fein pürieren (alternativ im Küchenmixer verarbeiten).

3 Zum Servieren den Smoothie in Gläser verteilen, nach Belieben noch einige Heidelbeeren darüberstreuen und die Smoothies mit Minzeblättern garnieren.

Gurken-Joghurt-Drink

Zutaten für 8 kleine Gläser
*2 große Salatgurken (à ca. 450–500 g)
1 EL milder Weinessig
1 EL mildes Olivenöl
1 gehackte Knoblauchzehe
1 EL eingelegter Ingwer
1 EL Einlegefond
mildes Chilisalz · 100 g Joghurt
1 EL Dillspitzen (frisch geschnitten)
milde Chiliflocken*

1 Die Salatgurken schälen, der Länge nach halbieren und die Kerne mit einem Löffel herauskratzen. Die Gurkenhälften grob zerkleinern und mit 360 ml kaltem Wasser, Essig, Olivenöl, Knoblauch, Ingwer und dem Einlegefond in einen hohen Rührbecher geben. Alles mit dem Stabmixer pürieren und mit Chilisalz würzen.

2 Die Mischung in eine Schüssel gießen und Joghurt und Dill mit einem Schneebesen hineinrühren. Gegebenenfalls den Drink noch mit Essig und Gewürzen nachwürzen. Je nach Konsistenz kann noch etwas kaltes Wasser hinzugefügt werden.

3 Zum Servieren den Gurken-Joghurt-Drink in Gläser verteilen und mit Chiliflocken und nach Belieben mit Dill garnieren.

Schokomousse mit eingelegten Kirschen

1 Für die Schokomousse die Kuvertüre grob hacken, in eine Metallschüssel geben und im heißen Wasserbad unter Rühren schmelzen lassen. Die Eier und die Eigelbe mit 1 Prise Salz in einer Metallschüssel im heißen Wasserbad hellschaumig aufschlagen. Die geschmolzene Kuvertüre unterrühren und die Schokoladencreme etwas abkühlen lassen. Das Kirschwasser hineinrühren.

2 Inzwischen die Sahne halb steif schlagen und unter die Schokoladencreme heben. Die Mousse in eine Schüssel füllen und zugedeckt 2 Stunden in den Kühlschrank stellen. Die Mousse anschließend in einen Spritzbeutel mit großer Tülle füllen.

3 Für die eingelegten Kirschen die Kirschen in ein Sieb abgießen, dabei den Saft auffangen und ¼ l abmessen. Die Stärke mit etwas Kirschsaft glatt rühren.

4 Den Puderzucker in einen Topf stäuben und bei milder Hitze hell karamellisieren. Mit Rotwein und Portwein ablöschen und auf die Hälfte einkochen lassen. Dann den übrigen Kirschsaft, den Zucker und die Gewürze hinzufügen und alles einmal aufkochen lassen.

5 Die angerührte Stärke in die Sauce geben und köcheln lassen, bis sie leicht sämig bindet. Noch etwa 2 Minuten köcheln lassen, dann durch ein Sieb gießen und die Kirschen hinzufügen. Alles nochmals aufkochen, vom Herd nehmen und mit Honig und Kirschwasser abschmecken. Bis zum Servieren abkühlen lassen.

6 Zum Servieren die Cookies in kleine Stücke brechen und auf Gläser verteilen. Die Schokomousse aus dem Spritzbeutel und die Kirschen abwechselnd darüber einschichten (Foto siehe S. 40/41).

Zutaten für 8 kleine Gläser

Für die Schokomousse:
360 g Zartbitterkuvertüre (mind. 70 % Kakaoanteil)
2 kleine Eier · 2 Eigelb
Salz · 4 EL Kirschwasser
800 g Sahne

Für die eingelegten Kirschen:
400 g Sauerkirschen (aus dem Glas, mit Einlegesaft)
1 schwach geh. TL Speisestärke
1 TL Puderzucker
180 ml Rotwein · 70 ml Portwein
3 EL Zucker
1 Zimtsplitter
1 Gewürznelke
1 Streifen unbehandelte Zitronenschale
1 TL Honig · 2 EL Kirschwasser

Außerdem:
200 g Chocolate-Chip-Cookies

Gebratene Topfenknödel mit Rumtopf

Zutaten für 8 Personen

Für den Rumtopf:
1 Pfirsich · 100 g Kirschen
3 Pflaumen
70 g kleine Erdbeeren
50 g Heidelbeeren
70 g Brombeeren
150 g brauner Zucker
400 ml Rum (40–54 Vol.-%)

Für die Topfenknödel:
125 g Toastbrot
75 g Speisequark
75 ml Milch · 1 Eigelb
1 TL Vanillezucker
je ½ TL abgeriebene unbehandelte
Zitronen- und Orangenschale
1 Msp. frisch geriebene Muskatnuss
1 Eiweiß
Salz · 1 EL Zucker

Zum Braten:
2 EL Puderzucker
20 g braune Butter (siehe S. 112)
½ Zimtrinde
1 Stück Vanilleschote (ca. 3 cm)
1 TL Kardamomkapseln

Außerdem:
8 Minzeblätter zum Garnieren
Puderzucker zum Bestäuben

1 Etwa 1 Woche vor Verwendung für den Rumtopf den Pfirsich waschen, halbieren, entsteinen und in dünne Spalten schneiden. Die Kirschen waschen, entstielen, trocken tupfen und entsteinen. Die Pflaumen waschen, halbieren, entsteinen und in dünne Spalten schneiden. Die Erdbeeren putzen, waschen und trocken tupfen. Die Heidel- und Brombeeren verlesen, waschen und trocken tupfen.

2 Alle Früchte in einer Schüssel mit Zucker und Rum mischen und in ein großes Glas mit Schraubverschluss füllen. Die Früchte gut verschlossen im Kühlschrank 1 Tag ziehen lassen. Den Rumtopf herausnehmen, einmal durchrühren und nochmals 1 Woche im Kühlschrank ziehen lassen. Nach dem Anbruch hält sich der Rumtopf im Kühlschrank noch einige Wochen. Zum Aufbewahren mit Küchenpapier bedecken, dabei sollte das Papier direkt auf dem Rumtopf liegen, und die Früchte sollten immer mit Flüssigkeit bedeckt sein.

3 Für die Topfenknödel das Toastbrot entrinden und in etwa 1 cm große Würfel schneiden. Den Quark mit Milch, Eigelb, Vanillezucker, Zitrusschalen und Muskatnuss glatt rühren und mit den Toastbrotwürfeln mischen. Das Eiweiß mit 1 Prise Salz und dem Zucker zu cremigem Schnee schlagen und unter die Topfenmasse heben.

4 Zwei Blätter Alufolie mit je einem Blatt Frischhaltefolie belegen, jeweils die Hälfte der Masse darauf zu einer Rolle (etwa 4 cm Ø) formen. Zunächst in Frischhaltefolie, dann in Alufolie wickeln und die Enden bonbonartig verdrehen. In einem Topf reichlich Wasser aufkochen und die Knödelrollen darin knapp unter dem Siedepunkt 25 bis 30 Minuten ziehen lassen. Herausnehmen und abkühlen lassen.

5 Eine Pfanne bei mittlerer Temperatur erhitzen und den Puderzucker hineinstäuben. Die braune Butter dazugeben und Zimt, Vanille und Kardamom in der Pfanne verteilen. Die Knödelrollen auswickeln, in 1 bis 1 ½ cm dicke Scheiben schneiden und in der Gewürzbutter auf beiden Seiten goldbraun braten.

6 Zum Servieren je 2 bis 3 EL abgetropfte Rumfrüchte in kleine tiefe Teller oder Schalen verteilen, mit etwas Rumtopfflüssigkeit beträufeln und einige Knödelscheiben dazulegen. Mit Minzeblättern garnieren und mit etwas Puderzucker bestäuben.

Mein Tipp

Außerhalb der Saison können Sie das ganze Jahr über auch sehr gut gefrorene Früchte für den Rumtopf verwenden.

Himbeer-Cheesecakes im Glas

Zutaten für 8 kleine Gläser

Für die Käsemasse:
1 Blatt Gelatine · 2 Eigelb
2 ½ EL Zucker · Salz
Mark von ¼ Vanilleschote
150 g Speisequark
1 TL Zitronensaft
1–2 EL Orangensaft
abgeriebene Schale von je ¼ unbehandelten Zitrone und Orange
200 g Sahne

Außerdem:
100 g Mürbeteigkekse oder Teegebäck (z. B. Heidesand oder Mandelzungen)
250 g Himbeeren · Puderzucker
1 TL Orangenlikör (z. B. Grand Marnier)
einige Tropfen Zitronensaft
8 Minzeblätter zum Garnieren

1 Für die Käsemasse die Gelatine in kaltem Wasser einweichen. Die Eigelbe mit 1 EL Zucker, 1 Prise Salz und dem Vanillemark in einer Metallschüssel im heißen Wasserbad mit dem Schneebesen hellschaumig aufschlagen. Die Schüssel vom Wasserbad nehmen, die Gelatine gut ausdrücken und unter ständigem Rühren im warmen Eierschaum vollständig auflösen.

2 Den Eierschaum vom Wasserbad nehmen. Den Quark, den Zitronen- und Orangensaft, die Zitronen- und Orangenschale sowie den restlichen Zucker unterrühren. Zuletzt die Sahne halbsteif schlagen und mit einem Teigspatel unter die Quarkcreme heben.

3 Die Kekse in einen Gefrierbeutel geben und darin mit dem Nudelholz etwas zerkleinern. Die Keksbrösel in die Gläser streuen und die Quarkcreme darauf verteilen. Die Gläser mit Frischhaltefolie bedecken und im Kühlschrank 1 bis 2 Stunden durchkühlen lassen.

4 Zum Servieren die Himbeeren verlesen, waschen und trocken tupfen. Mit etwas Puderzucker, dem Orangenlikör und dem Zitronensaft marinieren und auf die Quarkcreme in den Gläsern setzen. Die Himbeer-Käsekuchen mit etwas Puderzucker bestäuben und nach Belieben zusätzlich mit einigen Keksbröseln bestreuen und mit Minzeblättern garnieren.

Mein Tipp

Diese kleinen Cheesecakes sind praktisch für ein Büfett, denn sie lassen sich leicht vorbereiten und müssen nicht gebacken werden. Anstelle von Himbeeren können Sie die Cheesecakes auch mit Erdbeeren, Heidelbeeren oder einer Beerenmischung servieren.

Feiertags-küche

Carpaccio mit Parmesan-Chip

Zutaten für 4 Personen

Für die Parmesan-Chips:
50 g geriebener Parmesan

Für das Carpaccio:
60 g Crème fraîche
½ TL Limettensaft
½ TL abgeriebene unbehandelte Limettenschale
Salz · Pfeffer aus der Mühle
mildes Chilisalz · 200 g Rinderfilet

Für den Kräutersalat:
2 Handvoll gemischte Kräuter- und Salatblätter (z. B. Basilikum, Kerbel, Portulak)
1 Spritzer Limettensaft
1 TL Olivenöl
Salz · Pfeffer aus der Mühle
mildes Chilisalz

Außerdem:
Olivenöl für die Folie
2 EL mildes Olivenöl
Saft von 1 Limette
Salz · Pfeffer aus der Mühle
einige unbehandelte Limettenschnitze

1 Für die Parmesan-Chips eine beschichtete Pfanne bei mittlerer Temperatur erhitzen. Den Parmesan zu 4 kleinen Kreisen in die Pfanne streuen. Die Parmesankreise hell bräunen, die Pfanne vom Herd nehmen und die Parmesanblätter darin kurz abkühlen lassen. Einen Kochlöffel über eine Schüssel legen. Die noch elastischen Parmesanblätter vorsichtig aus der Pfanne nehmen, über den Kochlöffelstiel legen und abkühlen lassen. Die Parmesanblätter wahlweise in eine Tasse legen, sodass eine Schalenform entsteht.

2 Für das Carpaccio zuerst den Limettenrahm zubereiten: Dazu die Crème fraîche mit dem Limettensaft glatt rühren und die Limettenschale dazugeben. Mit Salz, Pfeffer und etwas Chilisalz würzen und in einen Einwegspritzbeutel füllen.

3 Das Rinderfilet mit einem scharfen Messer zuerst in dünne Scheiben, dann in etwa 1½ cm große Würfel schneiden. Mit reichlich Abstand zwischen zwei Lagen geölte Frischhaltefolie legen und mit der flachen Seite des Fleischklopfers oder dem Plattiereisen gleichmäßig dünn klopfen.

4 Für den Kräutersalat Basilikum, Kerbel und Portulak waschen und trocken tupfen. In eine Schüssel geben und mit Limettensaft, Olivenöl, Salz und Pfeffer mischen.

5 Zum Servieren zwei Teller mit mildem Olivenöl bestreichen, etwas Limettensaft darauftropfeln, leicht salzen und pfeffern. Die Rindfleischscheiben vorsichtig aus der Folie lösen und leicht überlappend auf die Teller legen. Die Fleischscheiben ebenfalls mit Öl bestreichen, mit Limettensaft beträufeln und leicht mit Salz und Pfeffer würzen. Den Limettenrahm gitterförmig über das Carpaccio spritzen. Jeweils 1 Parmesan-Chip daraufsetzen und mit Kräutersalat füllen. Die Limettenschnitze danebenlegen.

Mein Tipp

Bei dieser Plattiermethode verwendet man das Fleisch im frischen Zustand und muss es nicht vorher einfrieren. Sie können es vor dem Anrichten, dünn geklopft, in der Folie im Kühlschrank mehrere Stunden aufbewahren. Zum Fertigstellen wie beschrieben auf Tellern anrichten und marinieren.

Ganserlsuppe mit Leberpflanzerln

Zutaten für 4 Personen

Für die Ganserlsuppe:
je 50 g Karotte, Knollensellerie und Lauch
4 cl weißer Portwein
2 cl Madeira
1,2 l Gänsebrühe (entfettet, siehe S. 82) + 1–2 TL Gänsefett (von der Brühe zuvor abgenommen)
2 Scheiben Ingwer
1 Blatt Liebstöckel · Salz

Für die Leberpflanzerl:
½ Zwiebel · Salz
125 g Toastbrot (ersatzweise 1 Brötchen vom Vortag)
1 Ei · 1 TL Dijon-Senf
1 geriebene Knoblauchzehe
150 g geputzte, durchgedrehte Gänseleber (ersatzweise Hühnerleber)
1 EL Petersilienblätter (frisch geschnitten)
1 TL getrockneter Majoran
Pfeffer aus der Mühle
frisch geriebene Muskatnuss
1 Msp. abgeriebene unbehandelte Zitronenschale
5 EL Weißbrotbrösel
1 EL Öl

Außerdem:
frisch geriebene Muskatnuss
Schnittlauchröllchen zum Servieren

1 Für die Ganserlsuppe Karotte und Sellerie schälen, erst in 2 bis 3 mm dicke Scheiben, dann in 1½ bis 2 cm große Rauten schneiden. Den Lauch putzen, längs halbieren, gründlich waschen und ebenfalls in 1½ bis 2 cm große Rauten schneiden.

2 Portwein und Madeira in einen Topf gießen und bei milder Hitze etwa auf die Hälfte einköcheln lassen. Die Brühe dazugießen und Ingwer und Liebstöckelblatt hinzufügen. Die Gemüserauten dazugeben, alles knapp unter dem Siedepunkt 3 Minuten gar ziehen lassen. Dann Ingwer und Liebstöckel wieder entfernen und die Suppe mit wenig Gänsefett und Salz abschmecken.

3 Für die Leberpflanzerl die Zwiebel schälen, in feine Würfel schneiden und in kochendem Salzwasser 2 Minuten blanchieren. In ein Sieb abgießen, kalt abschrecken und abtropfen lassen. Das Toastbrot in ½ bis 1 cm große Würfel schneiden. Das Ei mit Senf, Knoblauch und Leber verrühren und mit Weißbrot, Zwiebeln und Petersilie mischen. Zuletzt die Masse mit Majoran, Salz, Pfeffer, Muskatnuss und Zitronenschale würzen.

4 Aus der Masse mit angefeuchteten Händen etwa 12 Pflanzerl formen und in den Weißbrotbröseln wenden. Das Öl in einer Pfanne erhitzen und die Pflanzerl darin bei milder Hitze auf beiden Seiten hell anbraten. Herausnehmen und in der Ganserlsuppe noch 3 bis 4 Minuten ziehen lassen.

5 Zum Servieren etwas Muskatnuss in vorgewärmte tiefe Teller reiben. Die Ganserlsuppe mit den Pflanzerln darauf verteilen und mit Schnittlauch bestreuen.

Mein Tipp

Alternativ können Sie die Leberpflanzerlmasse zu kleinen Knödeln formen. Aus der Gänseleber lassen sich auch ausgezeichnet Leberspätzle zubereiten: Dazu ¼ Zwiebel in feine Würfel schneiden, in Salzwasser weich garen und abgießen. 40 g weiche Butter mit 1 Eigelb schaumig rühren, 1 Eiweiß mit 30 g Weißbrotbröseln und 50 g doppelgriffigem Mehl unterrühren. 100 g geputzte, durchgedrehte Gänseleber und 1 EL frisch geschnittene Petersilienblätter unterrühren. Mit Salz, Pfeffer, etwas abgeriebener unbehandelter Zitronenschale und 1 Prise Majoran würzen. Mit dem Spätzlehobel in leicht köchelndes Salzwasser hobeln, nach oben steigen lassen, einmal kurz aufkochen lassen, abgießen und in der Suppe anrichten.

… FEIERTAGSKÜCHE …

Forelle mit Pichelsteiner und Liebstöckelpesto

Zutaten für 4 Personen

Für das Liebstöckelpesto:
100 g Blattspinat · Salz
10 g Liebstöckelblätter
1 EL Mandelblättchen
60 ml warme Gemüsebrühe
1 TL Tafelmeerrettich
60 g flüssige braune Butter
(siehe S. 112) · mildes Chilisalz
frisch geriebene Muskatnuss

Für das Pichelsteiner Gemüse:
2 festkochende Kartoffeln
1 Karotte · 1 Zwiebel
100 g Knollensellerie
¼ Stange Lauch · 100 g Wirsing
je 1 TL schwarze Pfeffer- und
Pimentkörner · ¼ l Hühnerbrühe
1 Lorbeerblatt
1 Knoblauchzehe (in Scheiben)
2 frische rote Chilischoten
(ersatzweise getrocknet)
1 Scheibe Ingwer · 1 Streifen unbehandelte Zitronenschale
1 EL braune Butter
je 1 TL Petersilienblätter und
Dillspitzen (frisch geschnitten)

Für den Fisch:
4 Forellenfilets (à ca. 100 g;
mit Haut) · 1–2 TL Öl
2–3 EL doppelgriffiges Mehl
(Wiener Grießler)
1 Zimtsplitter
1 Stück Vanilleschote (ca. 2 cm)
1 halbierte Knoblauchzehe
4 Scheiben Ingwer · mildes Chilisalz

1 Für das Pesto die Spinatblätter verlesen, waschen und trocken schütteln. Die Spinatblätter kurz in kochendem Salzwasser blanchieren. In ein Sieb abgießen, kalt abschrecken und abtropfen lassen. Das restliche Wasser mit den Händen gut herausdrücken und den Spinat klein schneiden. Die Liebstöckelblätter waschen und trocken tupfen.

2 Die Mandeln in einer Pfanne ohne Fett bei mittlerer Hitze hell rösten, abkühlen lassen. Spinat, Liebstöckel, Brühe, Mandeln, Meerrettich und braune Butter in den Küchenmixer oder in einen hohen Rührbecher geben. Mit Chilisalz und etwas Muskatnuss würzen und zu einer feinkörnigen grünen Paste pürieren. Beiseitestellen.

3 Für das Gemüse Kartoffeln, Karotte, Zwiebel und Sellerie schälen und in etwa 1 ½ cm große Würfel schneiden. Den Lauch putzen, längs halbieren, gründlich waschen und in 1 ½ cm breite Streifen schneiden. Den Wirsing putzen, in einzelne Blätter teilen und die Blattrippen entfernen. Wirsing in 1 ½ cm große Rauten schneiden. Pfeffer- und Pimentkörner in ein Gewürzsäckchen füllen und verschließen.

4 Kartoffeln, Karotte, Zwiebel und Sellerie mit der Brühe in einen Topf geben und das Gewürzsäckchen und das Lorbeerblatt dazugeben. Alles mit einem Blatt Backpapier bedecken und knapp unter dem Siedepunkt etwa 30 Minuten weich garen. Dabei nach 15 Minuten Lauch und Wirsing dazugeben. Gegen Ende der Garzeit Knoblauch, Chili, Ingwer und Zitronenschale hinzufügen. Am Ende Gewürzsäckchen und ganze Gewürze wieder entfernen. Gemüse in ein Sieb abgießen, dabei den Fond auffangen. Etwa 70 ml Fond wieder zum Gemüse geben, das Gemüse mit Chilisalz würzen und braune Butter, Petersilie und Dill untermischen.

5 Für den Fisch die Forellenfilets quer halbieren, waschen und trocken tupfen. Eine Pfanne bei mittlerer Temperatur erhitzen und das Öl darin mit einem Pinsel verstreichen. Die Forellenfilets mit der Hautseite in das Mehl tauchen und auf der Hautseite in die Pfanne setzen. Zimt, Vanille, Knoblauch und Ingwer dazugeben und mitbraten. Dabei unter die dünnen Filetenden je 1 Ingwerscheibe legen. Die Filets 2 bis 3 Minuten anbräunen. Die Pfanne vom Herd nehmen, die Filets wenden und in der Resthitze 1 bis 2 Minuten ziehen lassen. Herausnehmen, auf Küchenpapier abtropfen lassen und mit Chilisalz würzen.

6 Zum Servieren das Pichelsteiner Gemüse auf vorgewärmte tiefe Teller verteilen, das Pesto darum herumträufeln und die Forellenfilets mit der Haut nach oben darauflegen.

Überbackener Zander mit Kohlrabi und blauen Chips

Zutaten für 4 Personen

Für den Zander:
45 g Toastbrot (ersatzweise 20–25 g trockene Weißbrotbrösel)
125 g weiche Butter
2 TL Dijon-Senf
1 geh. EL Tafelmeerrettich
1 EL Petersilienblätter (frisch geschnitten)
5 Estragonblätter (frisch geschnitten)
Salz · Pfeffer aus der Mühle
400 g Zanderfilet
mildes Chilisalz
Öl fürs Blech

Für die Kartoffelchips:
2 Trüffelkartoffeln (blaue Mini-Kartoffeln)
200 ml Öl zum Frittieren · Salz

Für die Sauce und die Kohlrabi:
200 ml Gemüsebrühe · 100 g Sahne
1 TL Speisestärke
1 kleine Knoblauchzehe (in Scheiben)
1 Scheibe Ingwer
1 Streifen unbehandelte Zitronenschale
1–2 EL Petersilienblätter (frisch geschnitten)
20 g kalte Butter
mildes Chilisalz
2 kleine Kohlrabi (ca. 500 g) · Salz

1 Für den Zander eine Gratiniermasse herstellen: Dazu das Toastbrot zerkleinern und im Blitzhacker zu Bröseln mahlen. Die weiche Butter schaumig rühren und Senf, Meerrettich, Petersilie, Estragon und Toastbrotbrösel unterrühren. Mit Salz und Pfeffer würzen. Die Masse mit Backpapier zu einer Rolle (etwa 3 cm Ø) formen und ½ bis 1 Stunde kühl stellen.

2 Inzwischen für die Chips die Kartoffeln schälen und hobeln. Das Öl in der Fritteuse oder in einem kleinen Topf auf etwa 130 °C erhitzen (siehe Tipp S. 118). Die Kartoffelscheiben nach und nach hineingeben, umrühren und knusprig frittieren. Mit dem Schaumlöffel herausheben, auf Küchenpapier abtropfen lassen und salzen.

3 Für die Sauce die Gemüsebrühe mit der Sahne in einen Topf geben und erhitzen. Die Stärke in wenig kaltem Wasser glatt rühren, in die Sauce geben und köcheln lassen, bis diese leicht sämig bindet. Noch etwa 1 Minute köcheln lassen. Knoblauch, Ingwer und Zitronenschale hinzufügen und alles wenige Minuten knapp unter dem Siedepunkt ziehen lassen, dann die Würzzutaten wieder entfernen. Die Petersilie in die Sauce geben, die kalte Butter mit dem Stabmixer unterrühren und die Sauce mit Chilisalz würzen.

4 Für die Kohlrabi die Knollen schälen, holzige Teile entfernen und die Kohlrabi in Spalten schneiden. Die Kohlrabispalten in einem Topf in kochendem Salzwasser 4 bis 5 Minuten bissfest blanchieren. Abgießen und warm halten.

5 Für den Zander den Backofengrill vorheizen. Den Fisch waschen, trocken tupfen und in 4 Stücke schneiden. Mit Chilisalz würzen und auf ein leicht geöltes Backblech setzen. Die Gratiniermasse in Scheiben schneiden und leicht überlappend auf die Fischfilets legen. Den Fisch auf der untersten Schiene im Ofen etwa 4 Minuten auf Sicht goldbraun überbacken. Das Backblech aus dem Ofen nehmen und den Fisch auf dem heißen Blech noch 1 bis 2 Minuten nachziehen lassen.

6 Zum Servieren die Kohlrabispalten auf vorgewärmten Tellern anrichten und mit Chilisalz würzen. Den Zander daraufsetzen, die Sauce nochmals mit dem Stabmixer aufschäumen und über die Kohlrabispalten träufeln. Zuletzt die Kartoffelchips daraufsetzen und nach Belieben mit Kräutern garnieren.

Überbackener Zander mit Kohlrabi und blauen Chips

Zutaten für 4 Personen

Für den Zander:
45 g Toastbrot (ersatzweise 20–25 g trockene Weißbrotbrösel)
125 g weiche Butter
2 TL Dijon-Senf
1 geh. EL Tafelmeerrettich
1 EL Petersilienblätter (frisch geschnitten)
5 Estragonblätter (frisch geschnitten)
Salz · Pfeffer aus der Mühle
400 g Zanderfilet
mildes Chilisalz
Öl fürs Blech

Für die Kartoffelchips:
2 Trüffelkartoffeln (blaue Mini-Kartoffeln)
200 ml Öl zum Frittieren · Salz

Für die Sauce und die Kohlrabi:
200 ml Gemüsebrühe · 100 g Sahne
1 TL Speisestärke
1 kleine Knoblauchzehe (in Scheiben)
1 Scheibe Ingwer
1 Streifen unbehandelte Zitronenschale
1–2 EL Petersilienblätter (frisch geschnitten)
20 g kalte Butter
mildes Chilisalz
2 kleine Kohlrabi (ca. 500 g) · Salz

1 Für den Zander eine Gratiniermasse herstellen: Dazu das Toastbrot zerkleinern und im Blitzhacker zu Bröseln mahlen. Die weiche Butter schaumig rühren und Senf, Meerrettich, Petersilie, Estragon und Toastbrotbrösel unterrühren. Mit Salz und Pfeffer würzen. Die Masse mit Backpapier zu einer Rolle (etwa 3 cm Ø) formen und ½ bis 1 Stunde kühl stellen.

2 Inzwischen für die Chips die Kartoffeln schälen und hobeln. Das Öl in der Fritteuse oder in einem kleinen Topf auf etwa 130 °C erhitzen (siehe Tipp S. 118). Die Kartoffelscheiben nach und nach hineingeben, umrühren und knusprig frittieren. Mit dem Schaumlöffel herausheben, auf Küchenpapier abtropfen lassen und salzen.

3 Für die Sauce die Gemüsebrühe mit der Sahne in einen Topf geben und erhitzen. Die Stärke in wenig kaltem Wasser glatt rühren, in die Sauce geben und köcheln lassen, bis diese leicht sämig bindet. Noch etwa 1 Minute köcheln lassen. Knoblauch, Ingwer und Zitronenschale hinzufügen und alles wenige Minuten knapp unter dem Siedepunkt ziehen lassen, dann die Würzzutaten wieder entfernen. Die Petersilie in die Sauce geben, die kalte Butter mit dem Stabmixer unterrühren und die Sauce mit Chilisalz würzen.

4 Für die Kohlrabi die Knollen schälen, holzige Teile entfernen und die Kohlrabi in Spalten schneiden. Die Kohlrabispalten in einem Topf in kochendem Salzwasser 4 bis 5 Minuten bissfest blanchieren. Abgießen und warm halten.

5 Für den Zander den Backofengrill vorheizen. Den Fisch waschen, trocken tupfen und in 4 Stücke schneiden. Mit Chilisalz würzen und auf ein leicht geöltes Backblech setzen. Die Gratiniermasse in Scheiben schneiden und leicht überlappend auf die Fischfilets legen. Den Fisch auf der untersten Schiene im Ofen etwa 4 Minuten auf Sicht goldbraun überbacken. Das Backblech aus dem Ofen nehmen und den Fisch auf dem heißen Blech noch 1 bis 2 Minuten nachziehen lassen.

6 Zum Servieren die Kohlrabispalten auf vorgewärmten Tellern anrichten und mit Chilisalz würzen. Den Zander daraufsetzen, die Sauce nochmals mit dem Stabmixer aufschäumen und über die Kohlrabispalten träufeln. Zuletzt die Kartoffelchips daraufsetzen und nach Belieben mit Kräutern garnieren.

Offener Lachs-Zander-Strudel mit mariniertem Spargel

Zutaten für 4 Personen

Für den Strudel:
150 g Zanderfilet · Salz
½ TL scharfer Senf
frisch geriebene Muskatnuss
150 g eiskalte Sahne
1 EL weißer Portwein
1 EL Dillspitzen (frisch geschnitten)
mildes Chilisalz
150 g Lachsfilet
8 Strudelteigblätter
(à ca. 16 x 16 cm;
aus dem Kühlregal)
1 EL flüssige braune Butter
(siehe S. 112)

Für den Limettendip:
200 g griech. Joghurt (10 % Fett)
2 EL Milch
abgeriebene Schale von
1 unbehandelten Limette
1 Spritzer Limettensaft
mildes Chilisalz · Zucker

Außerdem:
Butter für die Ringe
1 Bund grüner Spargel · Salz
1 EL braune Butter
1 Handvoll gemischte Kräuterblätter
(gewaschen)
einige Spritzer Limettensaft
Pfeffer aus der Mühle · Zucker
1 TL Olivenöl

1 Für den Strudel das Zanderfilet waschen und trocken tupfen. Das Filet in Würfel schneiden, salzen und im Tiefkühlfach 5 Minuten anfrieren lassen. Danach die Fischwürfel in den Blitzhacker geben und mit Senf und Muskatnuss würzen. Etwas anmixen, bis die Masse leicht zu binden beginnt.

2 Die eiskalte Sahne nach und nach untermixen, dabei darauf achten, dass sie vollständig gebunden ist, bevor weitere Sahne hinzugefügt wird. Die Farce sollte glatt und glänzend sein. Den Portwein, den Dill und 1 Prise Chilisalz unterrühren.

3 Das Lachsfilet waschen, trocken tupfen und in kleine Würfel schneiden. Die Fischwürfel unter die Farce mischen und diese gegebenenfalls etwas nachwürzen. Bis zur Verwendung kühl stellen.

4 Ein Backblech mit Backpapier belegen. Vier Metallringe oder ofenfeste Förmchen (à etwa 8 cm Ø) innen mit Butter einfetten und auf das Backblech setzen. 4 Strudelteigblätter auf die Arbeitsfläche legen und mit brauner Butter bestreichen. Jeweils ein zweites Teigblatt 45° versetzt daraufsetzen und ebenfalls mit Butter bestreichen.

5 Die Metallringe mit den doppelten Strudelteigblättern auslegen, die Enden überhängen lassen. Mit der Fischfarce füllen, die Strudelteigblätter nicht verschließen. Die Lachs-Zander-Strudel im Ofen auf der mittleren Schiene etwa 15 Minuten goldbraun backen. Dann herausnehmen und aus den Ringen lösen.

6 Inzwischen für den Limettendip den Joghurt mit der Milch glatt rühren. Die Limettenschale und den Limettensaft unterrühren und den Dip mit Chilisalz und 1 Prise Zucker würzen.

7 Die Spargelstangen waschen, nur im unteren Drittel schälen und die holzigen Enden entfernen. Die Stangen in kochendem Salzwasser bissfest blanchieren. Herausnehmen, kalt abschrecken, abtropfen lassen und in der braunen Butter erhitzen, mit Salz würzen. Die Kräuterblätter mit Limettensaft, Salz, Pfeffer, 1 Prise Zucker und Olivenöl marinieren.

8 Zum Servieren die Lachs-Zander-Strudel mit dem Limettendip und dem Spargel auf Tellern anrichten und mit den marinierten Kräuterblättern garnieren.

Saiblingsfilets auf Gurken-Ingwer-Salat

1 Für den Saibling die Fischfilets waschen, trocken tupfen und jeweils halbieren. Das Öl in einer Pfanne bei mittlerer Temperatur erhitzen. Die Fischfilets mit der Hautseite in das Mehl tauchen und auf der Hautseite in der Pfanne bei mittlerer Hitze kross braten.

2 Den Fisch wenden, die Pfanne vom Herd nehmen und den Fisch in der Resthitze saftig und glasig durchziehen lassen. Herausnehmen, auf Küchenpapier abtropfen und mit rot-grünem Chili-Vanille-Salz würzen.

3 Für den Gurken-Ingwer-Salat die Gurken waschen, in dünne Scheiben hobeln und in eine Schüssel geben. Den eingelegten Ingwer in feine Streifen schneiden und mit Einlegesud, Essig und Olivenöl zu den Gurken geben.

4 Den Salat mit Chilisalz, der Pfeffermischung aus der Mühle, 1 Prise Zucker sowie der Limetten- und Orangenschale würzen und zuletzt den Dill untermischen.

5 Für die Sauerrahmsauce die saure Sahne in einer Schüssel glatt rühren. Die Limetten- und Orangenschale unterrühren und die Sauce mit Limettensaft, Salz, 1 Prise Zucker und Chilipulver würzen.

6 Zum Servieren den Gurken-Ingwer-Salat auf Teller verteilen, die Saiblingsfilets daraufsetzen und die Sauerrahmsauce daneben anrichten. Nach Belieben noch etwas von der Pfeffermischung aus der Mühle darübermahlen.

Mein Tipp

Um den Langen Pfeffer leichter in eine Gewürzmühle zu füllen, kann man ihn zuvor in Stücke brechen oder mit einem großen Messer zerkleinern. Anstatt des Tasmanischen Pfeffers kann auch schwarzer Pfeffer verwendet werden.

Zutaten für 4 Personen

Für den Saibling:
4 Saiblingsfilets (à ca. 110 g; mit Haut)
2 EL doppelgriffiges Mehl (Wiener Grießler)
1 EL Öl
rot-grünes Chili-Vanille-Salz
(ersatzweise mildes Chilisalz)

Für den Gurken-Ingwer-Salat:
500 g Salatgurke · Salz
120 g eingelegter Ingwer
2 EL Einlegesud
1–2 EL Weißweinessig
3–4 EL Olivenöl · Chilisalz
je 1 TL Kubebenpfeffer, grob zerkleinerter Langer Pfeffer, Tasmanischer Pfeffer und Pimentkörner für die Gewürzmühle
Zucker
je ½ TL abgeriebene unbehandelte Limetten- und Orangenschale
1 EL Dillspitzen (frisch geschnitten)

Für die Sauerrahmsauce:
150 g Sauerrahm (saure Sahne)
je ½ TL abgeriebene unbehandelte Limetten- und Orangenschale
einige Spritzer Limettensaft
Salz · Zucker
mildes Chilipulver

Überbackener Zander mit Kohlrabi und blauen Chips

Zutaten für 4 Personen

Für den Zander:
45 g Toastbrot (ersatzweise 20–25 g trockene Weißbrotbrösel)
125 g weiche Butter
2 TL Dijon-Senf
1 geh. EL Tafelmeerrettich
1 EL Petersilienblätter (frisch geschnitten)
5 Estragonblätter (frisch geschnitten)
Salz · Pfeffer aus der Mühle
400 g Zanderfilet
mildes Chilisalz
Öl fürs Blech

Für die Kartoffelchips:
2 Trüffelkartoffeln (blaue Mini-Kartoffeln)
200 ml Öl zum Frittieren · Salz

Für die Sauce und die Kohlrabi:
200 ml Gemüsebrühe · 100 g Sahne
1 TL Speisestärke
1 kleine Knoblauchzehe (in Scheiben)
1 Scheibe Ingwer
1 Streifen unbehandelte Zitronenschale
1–2 EL Petersilienblätter (frisch geschnitten)
20 g kalte Butter
mildes Chilisalz
2 kleine Kohlrabi (ca. 500 g) · Salz

1 Für den Zander eine Gratiniermasse herstellen: Dazu das Toastbrot zerkleinern und im Blitzhacker zu Bröseln mahlen. Die weiche Butter schaumig rühren und Senf, Meerrettich, Petersilie, Estragon und Toastbrotbrösel unterrühren. Mit Salz und Pfeffer würzen. Die Masse mit Backpapier zu einer Rolle (etwa 3 cm Ø) formen und ½ bis 1 Stunde kühl stellen.

2 Inzwischen für die Chips die Kartoffeln schälen und hobeln. Das Öl in der Fritteuse oder in einem kleinen Topf auf etwa 130 °C erhitzen (siehe Tipp S. 118). Die Kartoffelscheiben nach und nach hineingeben, umrühren und knusprig frittieren. Mit dem Schaumlöffel herausheben, auf Küchenpapier abtropfen lassen und salzen.

3 Für die Sauce die Gemüsebrühe mit der Sahne in einen Topf geben und erhitzen. Die Stärke in wenig kaltem Wasser glatt rühren, in die Sauce geben und köcheln lassen, bis diese leicht sämig bindet. Noch etwa 1 Minute köcheln lassen. Knoblauch, Ingwer und Zitronenschale hinzufügen und alles wenige Minuten knapp unter dem Siedepunkt ziehen lassen, dann die Würzzutaten wieder entfernen. Die Petersilie in die Sauce geben, die kalte Butter mit dem Stabmixer unterrühren und die Sauce mit Chilisalz würzen.

4 Für die Kohlrabi die Knollen schälen, holzige Teile entfernen und die Kohlrabi in Spalten schneiden. Die Kohlrabispalten in einem Topf in kochendem Salzwasser 4 bis 5 Minuten bissfest blanchieren. Abgießen und warm halten.

5 Für den Zander den Backofengrill vorheizen. Den Fisch waschen, trocken tupfen und in 4 Stücke schneiden. Mit Chilisalz würzen und auf ein leicht geöltes Backblech setzen. Die Gratiniermasse in Scheiben schneiden und leicht überlappend auf die Fischfilets legen. Den Fisch auf der untersten Schiene im Ofen etwa 4 Minuten auf Sicht goldbraun überbacken. Das Backblech aus dem Ofen nehmen und den Fisch auf dem heißen Blech noch 1 bis 2 Minuten nachziehen lassen.

6 Zum Servieren die Kohlrabispalten auf vorgewärmten Tellern anrichten und mit Chilisalz würzen. Den Zander daraufsetzen, die Sauce nochmals mit dem Stabmixer aufschäumen und über die Kohlrabispalten träufeln. Zuletzt die Kartoffelchips daraufsetzen und nach Belieben mit Kräutern garnieren.

Festlicher Gänsebraten

Zutaten für 6–8 Personen

Für die Gans:
1 Gans (ca. 4 kg; küchenfertig)
2 Zwiebeln
½ Apfel
2 ½ l Hühnerbrühe (oder Enten- oder Gänsebrühe)
50 g flüssige Butter
Salz

Für die Sauce:
1 TL Puderzucker
2 Zwiebeln (in Würfeln)
1 kleine Karotte (in Würfeln)
100 g Knollensellerie (in Würfeln)
1 EL Tomatenmark
¼ l kräftiger Rotwein
1 TL Pimentkörner
2–3 Splitter Zimtrinde
1 kleine Knoblauchzehe (in Scheiben)
3 Scheiben Ingwer
1 TL getrockneter Majoran
2 TL Speisestärke
Salz · Pfeffer aus der Mühle

1 Für die Gans den Backofen auf 150 °C vorheizen. Die Gans innen und außen waschen und trocken tupfen. Die Flügel bis auf 2 cm abschneiden, Flügel und Kragen grob zerkleinern. Die Zwiebeln schälen und vierteln. Den Apfel waschen und samt Kerngehäuse in Spalten schneiden.

2 In einem großen Bräter Flügel und Kragen mit Zwiebeln und Apfelspalten verteilen, mit der Brühe aufgießen und die Gans hineinsetzen. Den Deckel auflegen bzw. den Bräter mit Alufolie abdecken und die Gans im Ofen auf der untersten Schiene 2 ½ Stunden garen. Danach den Bräter aus dem Ofen nehmen.

3 Die Ofentemperatur auf 200 °C erhöhen. Auf die mittlere Schiene ein Ofengitter und darunter ein Abtropfblech schieben. Die Gans vorsichtig aus dem Sud nehmen und auf das Ofengitter setzen, dabei nach Belieben ein kleines Stück Backpapier unter die Gans legen, bis sich die Haut stabilisiert hat. Die Gans im Ofen etwa 1 Stunde knusprig braun braten. Die Butter mit ½ TL Salz verrühren und die Gans damit zwischendurch bestreichen.

4 Inzwischen für die Sauce die Brühe entfetten. Dafür die Brühe durch ein feines Sieb gießen und etwa 5 Minuten stehen lassen. Dann das oben schwimmende Gänsefett abnehmen und beiseitestellen. ¾ l Brühe abmessen, den Rest anderweitig verwenden (z. B. für die Ganserlsuppe von S. 74).

5 Den Puderzucker in einen Topf stäuben und bei milder Hitze hell karamellisieren. Die Gemüsewürfel dazugeben und etwas andünsten. Das Tomatenmark unterrühren und kurz anrösten, bis am Topfboden ein brauner Film anlegt. Den Wein nach und nach dazugeben und jeweils sämig einköcheln lassen. Die gegarten Gänseflügel und den Kragen dazugeben und die ¾ l Gänsebrühe dazugießen. Pimentkörner, Zimt, nach Belieben 1 Lorbeerblatt und 1 Zweig Beifuß hinzufügen und alles knapp unter dem Siedepunkt etwa 30 Minuten ziehen lassen. Dann Knoblauch, Ingwer und Majoran hinzufügen und 5 Minuten darin ziehen lassen.

6 Die Sauce durch ein Sieb in einen Topf gießen. Die Stärke in wenig kaltem Wasser glatt rühren, in die Sauce geben und köcheln lassen, bis diese leicht sämig bindet. Noch 2 Minuten leicht köcheln lassen, dann 1 EL abgenommenes Gänsefett einrühren (übriges Gänsefett anderweitig verwenden). Sauce mit Salz und Pfeffer abschmecken.

7 Zum Servieren die Gans tranchieren und mit der Sauce auf vorgewärmten Tellern anrichten. Kartoffelknödel, Blaukraut und Selleriesalat (siehe S. 84 und 85) dazu servieren.

Gekochte Kartoffelknödel

Zutaten für 4 Personen

1 Laugenstange (vom Vortag)
1 TL Petersilienblätter (frisch geschnitten)
1,2 kg mehligkochende Kartoffeln
Salz
100 g Speisestärke
2 Eigelb
30 g braune Butter (siehe S. 112)
Pfeffer aus der Mühle
frisch geriebene Muskatnuss
2 Lorbeerblätter
3 Scheiben Ingwer

1 Von der Laugenstange das Salz entfernen und die Stange in kleine Würfel schneiden. Die Laugenwürfel in einer Pfanne ohne Fett bei milder Hitze leicht rösten, dann die Petersilie untermischen und alles beiseitestellen.

2 Die Kartoffeln mit der Schale in Salzwasser weich garen. Abgießen und kurz ausdampfen lassen, möglichst heiß pellen und durch die Kartoffelpresse drücken.

3 Von den durchgepressten Kartoffeln 1 kg abwiegen und mit Stärke, Eigelben, brauner Butter, Salz, Pfeffer und etwas Muskatnuss zu einem glatten Knödelteig verarbeiten.

4 Aus dem Knödelteig mit angefeuchteten Händen 8 Knödel formen. Dabei etwas flach drücken, mit den gerösteten Laugenwürfeln füllen und zu glatten Knödeln formen. In einem Topf reichlich Salzwasser aufkochen, Lorbeerblatt und Ingwer dazugeben. Die Knödel in das siedende Wasser legen und 20 Minuten gar ziehen lassen. Mit dem Schaumlöffel herausheben.

Mein Tipp

Sie können die Laugenwürfel auch in 1 EL Butter rösten. Dabei nach Belieben gegen Ende der Bratzeit noch ½ Knoblauchzehe (in Scheiben) mit in die Pfanne geben.

Der Kartoffelteig ist zum längeren Lagern nicht geeignet – Sie sollten ihn daher möglichst rasch verarbeiten. Fertig gekochte Knödel können Sie am besten im Kochsud warm halten. Wichtig ist dabei nur, dass das Wasser gewürzt ist, damit die Knödel nicht auslaugen und an Geschmack verlieren.

Zu den Knödeln passt auch eine Bröselschmelze oder Bröselbutter. Dafür 100 g Butter in einer Pfanne bei milder Hitze schmelzen, 50 g Weißbrotbrösel hineinrühren und langsam goldbraun braten. Dabei mit einem flachen Holzspatel oder einem hitzebeständigen Teigspatel ständig wenden.

Blaukraut

1 Den Rotkohl putzen, die äußeren Blätter entfernen und den Kohl vierteln. Die Kohlviertel in nicht zu feine Streifen hobeln und den Strunk entfernen. Die Rotkohlstreifen in einer Schüssel mit Salz und Zucker mischen und 10 bis 15 Minuten ziehen lassen.

2 Den Puderzucker in einen Topf stäuben und bei milder Hitze hell karamellisieren. Portwein und Rotwein dazugießen und auf ein Drittel einköcheln lassen. Rotkohl und Brühe hinzufügen, mit einem Blatt Backpapier bedecken und bei milder Hitze etwa 1½ Stunden mehr ziehen als köcheln lassen, dabei öfter umrühren.

3 Piment- und Pfefferkörner, Nelke, Zimt und Vanille in ein Gewürzsäckchen füllen. Das Säckchen verschließen und mit dem Lorbeerblatt nach 1 Stunde zum Blaukraut geben. Am Ende der Garzeit Lorbeer und Gewürzsäckchen entfernen, Apfelmus und Preiselbeeren unterrühren. Den Essig dazugeben und das Blaukraut abschmecken.

Zutaten für 4 Personen

800 g Rotkohl
je 1 TL Salz und Zucker
1 EL Puderzucker · 100 ml Portwein
200 ml kräftiger Rotwein
125 ml Gemüsebrühe
5 Pimentkörner
½ TL schwarze Pfefferkörner
2 Gewürznelken
1 Zimtsplitter
1 Stück Vanilleschote (ca. 2 cm)
1 Lorbeerblatt · 2 EL Apfelmus
1 EL Preiselbeerkompott
1 EL milder Aceto balsamico

Selleriesalat

1 Die Sellerieknolle putzen, schälen und in einen Topf setzen. Die Brühe dazugießen, den Sellerie mit einem Blatt Backpapier bedecken und knapp unter dem Siedepunkt 30 bis 40 Minuten weich garen.

2 Den Sellerie aus dem Topf nehmen, etwas abkühlen lassen und in etwa ½ cm dicke Scheiben schneiden. Von der Selleriebrühe 300 ml abmessen und mit Essig, Öl, 1 Prise Zucker, Salz, Pfeffer und Petersilie zu einem Dressing verrühren. Mit dem Sellerie mischen und den Salat 1 bis 2 Stunden ziehen lassen.

Zutaten für 4 Personen

500 g Knollensellerie
1 l Gemüsebrühe
2 EL Rotweinessig
2 EL Öl · Zucker
Salz · Pfeffer aus der Mühle
1 EL Petersilienblätter
(frisch geschnitten)

Mein Tipp

Am besten den Selleriesalat mehrere Stunden oder über Nacht durchziehen lassen. Die Petersilie schmeckt besonders aromatisch, wenn Sie die feinen Stiele klein schneiden und mitverwenden. Nach Belieben den Salat noch mit 1 bis 2 Liebstöckelblättern verfeinern oder je 1 Streifen unbehandelte Zitronen- oder Orangenschale unter den Salat mischen und mitziehen lassen.

Entenbrust mit Orangenglasur und Wirsingspinat

Zutaten für 4 Personen

Für die Entenbrust und die Glasur:
2 Barbarie-Entenbrustfilets
(à 350–400 g; mit Haut)
½ TL Speisestärke
2 EL Ahornsirup
1 EL Sake (japan. Reiswein)
2 EL helle Sojasauce
1 Msp. geriebene Knoblauchzehe
½ TL geriebener Ingwer
abgeriebene Schale von
1 unbehandelten Orange
mildes Chilisalz

Für den Wirsingspinat:
2 EL Erdnüsse
½ Wirsing (ca. 300 g)
Salz
150 g junger Blattspinat
1 Knoblauchzehe
2 EL Gemüsebrühe
3 dünne Scheiben Ingwer
mildes Chilisalz
½ TL Fünf-Gewürze-Pulver
20 g kalte Butter
1 EL braune Butter (siehe S. 112)

1 Für die Entenbrust den Backofen auf 100 °C vorheizen. Auf die mittlere Schiene ein Ofengitter und darunter ein Abtropfblech schieben. Die Entenbrustfilets waschen, trocken tupfen und die Hautseite kreuzweise einritzen.

2 Eine Pfanne bei milder Hitze erwärmen und die Entenbrüste auf der Hautseite hineinlegen. Die Hitze langsam erhöhen und die Entenbrüste bei mittlerer Hitze 6 bis 8 Minuten goldbraun anbraten. Die Entenbrüste wenden und auf der Fleischseite kurz anbraten. Dann die Entenbrüste auf das Ofengitter setzen und im Ofen auf der mittleren Schiene 50 bis 60 Minuten rosa durchziehen lassen.

3 Inzwischen für die Glasur die Stärke in 1 EL kaltem Wasser glatt rühren. Ahornsirup, Sake, Sojasauce, Knoblauch und Ingwer in einem Topf aufkochen, die angerührte Stärke dazugeben und alles köcheln lassen, bis die Glasur leicht sämig bindet. Vom Herd nehmen und die Orangenschale unterrühren.

4 Für den Wirsingspinat die Erdnüsse in einer Pfanne ohne Fett bei mittlerer Hitze hell rösten, herausnehmen und grob hacken. Den Wirsing putzen, in einzelne Blätter teilen und die Blattrippen entfernen. Die Wirsingblätter in kochendem Salzwasser wenige Minuten blanchieren. In ein Sieb abgießen, kalt abschrecken, abtropfen lassen und mit den Händen das überschüssige Wasser herausdrücken. Die Wirsingblätter in 1 ½ bis 2 cm große Stücke schneiden.

5 Den Spinat verlesen, waschen und trocken schütteln. Den Knoblauch schälen und in Scheiben schneiden. Die Brühe mit Knoblauch und Ingwer in eine große tiefe Pfanne geben, den Wirsing und den Spinat dazugeben und erhitzen. Alles mit Chilisalz und der Gewürzmischung würzen. Die kalte Butter mit der braunen Butter unterrühren und 1 EL Erdnüsse dazugeben.

6 Zum Servieren die Entenbrüste aus dem Ofen nehmen, mit Chilisalz würzen und mit der Orangenglasur bestreichen. In Scheiben schneiden und mit dem Wirsingspinat auf vorgewärmten Tellern oder in vorgewärmten Schalen anrichten. Zuletzt die restlichen Erdnüsse darüberstreuen.

Bayerisches Kraut mit Apfelsaft und Petersilie

Zutaten für 4 Personen
½ kleiner Weißkohl · 1 Zwiebel
1–2 TL Puderzucker
je 50 ml Apfelsaft und trockener Weißwein
200 ml Gemüsebrühe
Salz · Chilipulver
gemahlener Kümmel
1 EL Petersilienblätter (frisch geschnitten)
je 1 EL Butter und braune Butter (siehe S. 112)
1 Spritzer Apfelessig

1 Den Weißkohl putzen, dabei die äußeren Blätter entfernen und den Strunk herausschneiden. Die übrigen Weißkohlblätter einzeln ablösen, waschen, trocken schleudern und in Rauten schneiden. Die Zwiebel schälen und in feine Würfel schneiden.

2 Den Puderzucker in einen Topf stäuben und bei mittlerer Hitze hell karamellisieren. Die Zwiebelwürfel hinzufügen und andünsten. Den Kohl dazugeben und kurz mitdünsten.

3 Mit dem Apfelsaft und dem Wein ablöschen. Die Brühe dazugießen und den Kohl mit geschlossenem Deckel bei milder Hitze 20 bis 30 Minuten weich dünsten. Mit Salz sowie je 1 Prise Chilipulver und Kümmel abschmecken.

4 Zuletzt die Petersilie, die Butter und die braune Butter unterrühren und das Bayerische Kraut mit Essig abschmecken.

Meerrettichwirsing

Zutaten für 4 Personen
½ Wirsing · Salz
80–100 g Sahne
1 EL Sahnemeerrettich (aus dem Glas)
20 g kalte Butter
mildes Chilipulver
frisch geriebene Muskatnuss
1 TL Petersilienblätter (frisch geschnitten)

1 Den Wirsing putzen, in einzelne Blätter teilen und die Blätter halbieren, dabei die Blattrippen entfernen. Die Wirsingblätter waschen und in kochendem Salzwasser etwa 4 Minuten bissfest garen. In ein Sieb abgießen, kalt abschrecken und abtropfen lassen. Das überschüssige Wasser mit den Händen herausdrücken und die Wirsingblätter in etwa 2 cm große Stücke schneiden.

2 Den Wirsing mit etwas Sahne in einer Pfanne erhitzen. Die restliche Sahne mit dem Meerrettich mischen und zum Wirsing geben. Die kalte Butter hinzufügen und zerlassen. Zuletzt den Meerrettichwirsing mit Salz sowie je 1 Prise Chilipulver und Muskatnuss würzen und die Petersilie unterrühren.

Mein Tipp

Zum Vorbereiten können Sie den Wirsing, wie in Punkt 1 beschrieben, kochen, schneiden und bis zur Verwendung kühl stellen. So hat man im Nu mit ein paar kleinen Handgriffen (siehe Punkt 2) ein frisches grünes Wirsinggemüse.

Gebratener Spargel

1 Beide Spargelsorten waschen. Den weißen Spargel ganz, den grünen Spargel nur im unteren Drittel schälen, dabei jeweils die holzigen Enden entfernen. Den Spargel schräg in etwa ½ cm dicke Scheiben schneiden.

2 Den Puderzucker in eine Pfanne stäuben und bei milder Hitze hell karamellisieren. Den Spargel darin kurz andünsten, die Brühe angießen, die Zitronenschale hinzufügen und mit einem Blatt Backpapier bedecken. Den Spargel bei milder Hitze 6 bis 8 Minuten bissfest garen. Danach die Zitronenschale wieder entfernen.

3 Die Butter unterrühren und zerlassen. Die Petersilie unter den gebratenen Spargel mischen und mit Salz und Pfeffer abschmecken.

Zutaten für 4 Personen
300 g weißer Spargel
300 g grüner Spargel
1–2 TL Puderzucker
70 ml Gemüsebrühe
1 Streifen unbehandelte Zitronenschale
1–2 EL Butter
1 EL Petersilienblätter (frisch geschnitten)
Salz · Pfeffer aus der Mühle

Spargel mit Morcheln und Sherry

1 Beide Spargelsorten waschen. Den weißen Spargel ganz, den grünen Spargel nur im unteren Drittel schälen, dabei jeweils die holzigen Enden entfernen. Den Spargel schräg in etwa 5 cm lange Stücke schneiden. Die Morcheln mehrmals gründlich waschen und gut abtropfen lassen. Die Schalotte schälen und in feine Würfel schneiden.

2 Für die Sauce die Brühe mit den Spargelschalen einmal aufkochen, vom Herd nehmen und 20 Minuten ziehen lassen. In ein Sieb abgießen und den Fond dabei auffangen. Die Spargelstücke in dem Fond knapp unter dem Siedepunkt 6 bis 8 Minuten bissfest garen und in ein Sieb abgießen.

3 Die Sahne zum Spargelfond geben und aufkochen. Die Stärke in etwas kaltem Wasser glatt rühren und die köchelnde Sauce damit leicht sämig binden. 1 EL Butter unterrühren und die Zitronenschale kurz darin ziehen lassen. Die Zitronenschale wieder entfernen und die Sauce mit Chilisalz, frisch geriebener Muskatnuss und ein paar Tropfen Zitronensaft abschmecken.

4 Inzwischen die Schalottenwürfel in einer Pfanne bei milder Hitze in der braunen Butter glasig dünsten und die Morcheln dazugeben. Mit dem Sherry ablöschen und etwas einköcheln lassen. Die restliche Butter hinzufügen, schmelzen lassen und mit Chilisalz würzen. Dann die Morcheln unter das Spargelgemüse mischen.

Zutaten für 4 Personen
je 250 g weißer und grüner Spargel
400 g frische Morcheln (ersatzweise 40 g getrocknete Morcheln)
1 Schalotte
¼ l Gemüsebrühe
70 g Sahne
½–1 TL Speisestärke
20 g kalte Butter
1 Streifen unbehandelte Zitronenschale
mildes Chilisalz
frisch geriebene Muskatnuss
einige Tropfen Zitronensaft
1 TL braune Butter (siehe S. 112)
1 EL halbtrockener Sherry

Gebratenes Rinderfilet auf buntem Gemüse

Zutaten für 4 Personen

Für das Rinderfilet:
½ TL Öl
500 g Rinderfilet
50 g braune Butter (siehe S. 112)
2 Knoblauchzehen (in Scheiben)
5 Scheiben Ingwer
2 frische rote Chilischoten
½ Zimtrinde
1 Stück Vanilleschote (ca. 3 cm)
1 TL Kardamomkapseln
Salz

Für das Gemüse:
6 Stangen grüner Spargel
2 Karotten
1 kleine Fenchelknolle
½ Zucchino
120 g kleine Cocktailtomaten
120 ml warme Gemüsebrühe
4 EL Zitronensaft
1 TL Dijon-Senf · 2 EL Olivenöl
1 EL gemischte Kräuter
(z. B. Basilikum, Dill, Kerbel, Petersilie; frisch geschnitten)
mildes Chilisalz · Zucker

1 Für das Rinderfilet den Backofen auf 100 °C vorheizen. Auf die mittlere Schiene ein Ofengitter und darunter ein Abtropfblech schieben. Eine Pfanne bei mittlerer Temperatur erhitzen, das Öl mit einem Pinsel darin verstreichen und das Filet darin rundum anbraten. Herausnehmen, auf das Ofengitter setzen und im Ofen je nach Dicke 1½ bis 1¾ Stunden rosa durchziehen lassen.

2 Für das Gemüse den Spargel waschen, im unteren Drittel schälen und die holzigen Enden entfernen. Den Spargel längs halbieren und schräg in 3 bis 4 cm lange Stücke schneiden. Die Karotten schälen, längs halbieren und schräg in 4 bis 5 mm dicke Scheiben schneiden. Den Fenchel putzen, waschen und in 2 bis 3 cm große Stücke schneiden. Den Zucchino waschen, halbieren und in 4 bis 5 mm dicke Scheiben schneiden. Die Tomaten waschen und halbieren.

3 Spargel, Karotten und Fenchel mit der Brühe in einen Topf geben, mit einem Blatt Backpapier bedecken und knapp unter dem Siedepunkt 8 bis 10 Minuten bissfest garen. Wenige Minuten vor Ende der Garzeit die Zucchinischeiben dazugeben. Dann das Gemüse vom Herd nehmen, die Brühe abgießen und in einen Rührbecher füllen. Das Gemüse in eine Schüssel füllen und die Tomaten hinzufügen.

4 Zitronensaft, Senf, Olivenöl und Kräuter zur Brühe geben, verrühren und das Dressing mit Chilisalz und 1 Prise Zucker würzen. Das Gemüse mit dem Dressing marinieren und wenige Minuten ziehen lassen. Zum Servieren, falls nötig, nochmals abschmecken.

5 Die braune Butter mit Knoblauch, Ingwer, Chili, Zimt, Vanille und Kardamom in einer Pfanne erwärmen und salzen. Zum Servieren das Rinderfilet darin wenden, in Scheiben schneiden und auf vorgewärmte Teller setzen. Den Gemüsesalat dazu servieren (Foto siehe S. 70/71).

Mein Tipp

Sie können den Gemüsesalat auch einige Stunden vor dem Servieren zubereiten. Vor dem Anrichten dann nochmals etwas nachwürzen. Das Rinderfilet hingegen muss frisch gebraten werden. Hin und wieder ergibt es sich, dass die Gäste später kommen als geplant. Trotzdem kann man stressfrei ein rosa gebratenes Rinderfilet auf den Tisch bringen. Sobald das Filet gebraten ist, reduziert man dazu einfach nur die Backofentemperatur auf 70 °C. Bei dieser Temperatur bleibt das Filet ohne Probleme bis zu 1 Stunde warm und behält seine rosa Farbe. Damit das Filet heiß auf den Teller kommt, anschließend nochmals in einer Pfanne in der Gewürzbutter bei milder Hitze wenden.

Schweinefilet mit Apfel-Rahm-Kraut

1 Für das Schweinefilet den Backofen auf 100 °C vorheizen. Auf die mittlere Schiene ein Ofengitter und darunter ein Abtropfblech schieben.

2 Jeweils 6 Scheiben Frühstücksspeck leicht überlappend nebeneinander auf Frischhaltefolie legen. Das Kalbsbrät mit Sahne und Sherry verrühren, den Speck gleichmäßig damit bestreichen und mit Thymian und Petersilie bestreuen.

3 Die Schweinefilets von Fett und Sehnen befreien. Je 1 Schweinefilet auf den Speck legen und mithilfe der Frischhaltefolie darin einwickeln. Danach die Frischhaltefolie wieder entfernen.

4 Das Öl in einer Pfanne erhitzen und die Filets darin bei mittlerer Hitze auf der Nahtseite anbraten. Dann nach und nach rundum anbraten. Das Fleisch auf das Ofengitter setzen und im Ofen je nach Dicke etwa 45 Minuten rosa garen.

5 Inzwischen für das Apfel-Rahm-Kraut die Zwiebel schälen und in Rauten schneiden. Vom Spitzkohl die äußeren Blätter und den Strunk entfernen. Die Kohlblätter waschen, trocken schleudern und in Rauten schneiden. Die Karotte und den Sellerie putzen, schälen und erst in dünne Scheiben, dann in Rauten schneiden. Den Apfel waschen, vierteln und das Kerngehäuse entfernen. Apfelviertel in dünne Scheiben schneiden.

6 Den Puderzucker in eine Pfanne stäuben und bei milder Hitze hell karamellisieren. Zwiebel, Karotte und Sellerie hinzufügen und bei mittlerer Hitze andünsten. Den Spitzkohl dazugeben und leicht anbraten. Das Gemüse mit Majoran, Kümmel, Muskatnuss, Salz und Pfeffer würzen.

7 Die Petersilie, die Brühe und die Sahne hinzufügen und alles knapp unter dem Siedepunkt wenige Minuten ziehen lassen. Zuletzt die Butter, Zitronen- und Orangenschale und Apfelscheiben unterrühren sowie etwas Zimt darüberreiben.

8 Zum Servieren das Apfel-Rahm-Kraut auf vorgewärmte Teller verteilen. Das Filet in Scheiben schneiden und darauf anrichten.

Zutaten für 4 Personen

Für das Schweinefilet:
12 lange Scheiben Frühstücksspeck (ca. 120 g)
80 g Kalbsbrät · 2 EL Sahne
1 cl Sherry
1 EL Thymianblättchen
2–3 EL Petersilienblätter
(frisch geschnitten)
2 Schweinefilets (à ca. 300 g; aus dem Mittelstück)
1 EL Öl

Für das Apfel-Rahm-Kraut:
1 kleine Zwiebel
500 g Spitzkohl
1 Karotte
100 g Knollensellerie
1 Apfel
1 TL Puderzucker
1 TL getrockneter Majoran
1 TL gemahlener Kümmel
frisch geriebene Muskatnuss
Salz · Pfeffer aus der Mühle
1 EL Petersilienblätter
(frisch geschnitten)
50 ml Gemüsebrühe
150 g Sahne · 1 EL Butter
je 1 TL abgeriebene unbehandelte Zitronen- und Orangenschale
1 Zimtrinde

Kalbsfilet in der Brotkruste mit Pilzgröstl

Zutaten für 4 Personen

Für das Kalbsfilet:
je 20 g Petersilien- und Spinatblätter
2 Handvoll gemischte Kräuterblätter (z. B. Basilikum, Dill, Kerbel) · Salz
4 EL Sahne · 1 gestr. TL Dijon-Senf
1 TL abgeriebene unbehandelte Zitronenschale · 200 g Kalbsbrät
Pfeffer aus der Mühle
milde Chiliflocken oder Chilisalz
frisch geriebene Muskatnuss
4 Scheiben Tramezzini-Brot (oder 1 Kastenweißbrot vom Vortag)
400 g Kalbsfilet (aus dem Mittelstück) · Öl zum Braten

Für das Pilzgröstl:
400 g Steinpilze und Pfifferlinge
½ Bund grüner Spargel
80 ml Gemüsebrühe · 1 TL Öl
gemahlener Kümmel
1 Msp. abgeriebene unbehandelte Zitronenschale
Salz · Pfeffer aus der Mühle
1–2 TL Petersilienblätter (frisch geschnitten)
1 EL kalte Butter · mildes Chilisalz

Für die Rotwein-Kirsch-Butter:
1 gestr. EL Puderzucker
150 ml kräftiger Rotwein
100 ml Sauerkirschsaft
½ TL Speisestärke · 4 Scheiben Ingwer · je 1 Streifen unbehandelte Zitronen- und Orangenschale
60 g kalte Butter · mildes Chilisalz

1 Für das Kalbsfilet Petersilie und Spinat waschen und trocken schütteln. In kochendem Salzwasser 1 bis 2 Minuten blanchieren, in ein Sieb abgießen und gut abtropfen lassen, das restliche Wasser gut herausdrücken. Dann die Blätter klein schneiden. Die Kräuter waschen, trocken tupfen und klein schneiden. Sahne mit Petersilien-Spinat-Gemisch, Kräutern, Senf und Zitronenschale in den Blitzhacker geben. 1 EL Kalbsbrät dazugeben und alles fein pürieren. Dann mit dem übrigen Kalbsbrät glatt rühren und mit Salz, Pfeffer, 1 Prise Chiliflocken oder Chilisalz und etwas Muskatnuss würzen.

2 Den Backofen auf 180 °C vorheizen. Auf die mittlere Schiene ein Ofengitter und darunter ein Abtropfblech schieben. Die Tramezzini-Scheiben nebeneinander auf eine Arbeitsfläche legen, mit dem Nudelholz darüberrollen und auf die Breite der Kalbsfilets zuschneiden. (Alternativ das Kastenweißbrot entrinden und längs 4 möglichst dünne Scheiben abschneiden, den Rest anderweitig verwenden.) Das Kalbsfilet in 4 gleich große Stücke schneiden. Die Brotscheiben jeweils etwa 3 mm dick mit Brät bestreichen und mit 1 Filet belegen. Das Brot so aufrollen, dass das Fleisch darin vollständig eingewickelt ist. Etwas Öl in einer Pfanne erhitzen und die Filets im Brotmantel darin bei mittlerer Hitze rundum kräftig anbraten. Auf das Ofengitter setzen und 15 bis 20 Minuten garen.

3 Für das Pilzgröstl die Pilze putzen und trocken abreiben. Die Pfifferlinge, falls nötig, waschen und trocken tupfen. Die Pilze in nicht zu kleine Stücke schneiden. Spargel waschen, im unteren Drittel schälen, holzige Enden entfernen. Stangen in etwa 4 cm lange Stücke schneiden. Spargel mit der Brühe in einen Topf geben, mit einem Blatt Backpapier bedecken und knapp unter dem Siedepunkt etwa 8 Minuten leicht bissfest garen. Pilze in einer Pfanne im Öl bei mittlerer Hitze anbraten und mit 1 Prise Kümmel, Zitronenschale, Salz und Pfeffer würzen. Petersilie und kalte Butter hinzufügen, zuletzt den Spargel untermischen und mit etwas Chilisalz würzen.

4 Für die Rotwein-Kirsch-Butter den Puderzucker in einen Topf stäuben und bei milder Hitze hell karamellisieren. Mit Wein und Saft ablöschen, auf ein Drittel einköcheln lassen. Mit in kaltem Wasser angerührter Stärke sämig binden. Ingwer, Zitronen- und Orangenschale hinzufügen und wenige Minuten darin ziehen lassen, dann wieder entfernen. Die kalte Butter in kleinen Stücken in die Sauce rühren, dabei nicht kochen lassen. Die Sauce mit Chilisalz würzen. Zum Servieren die Filets halbieren, auf vorgewärmte Teller setzen und die Rotwein-Kirsch-Butter außen herum träufeln. Das Pilzgröstl daneben anrichten.

Lammkeule mit Rosmarin-Polenta-Püree

Zutaten für 8 Personen

Für die Lammkeule:
1 Lammkeule (ca. 2,2 kg; mit Knochen)
300 g Naturjoghurt
3 Zwiebeln · 100 g Knollensellerie
½ kleine Karotte · 1 EL Öl
1 TL Puderzucker
½–1 EL Tomatenmark
350 ml Hühnerbrühe
1 Lorbeerblatt
½ TL schwarze Pfefferkörner
1 TL Speisestärke
1 Knoblauchzehe (in Scheiben)
1 Scheibe Ingwer
1 Streifen unbehandelte Zitronenschale
1 Stück ausgekratzte Vanilleschote
1 Stück Zimtrinde (ca. 2 cm)
2 Zweige Thymian
mildes Chilisalz

Für das Rosmarin-Polenta-Püree:
1 l Gemüsebrühe · 1 l Milch
2 Lorbeerblätter
250 g Instant-Polenta (Maisgrieß)
1 EL Rosmarinnadeln (frisch geschnitten)
2 EL geriebener Parmesan
50 g braune Butter (siehe S. 112)
mildes Chilisalz
frisch geriebene Muskatnuss

1 Für die Lammkeule 1 bis 2 Tage im Voraus das Fleisch rundum mit Joghurt bestreichen, in einen Gefrierbeutel legen und im Kühlschrank 1 bis 2 Tage marinieren.

2 Am (über-)nächsten Tag den Backofen auf 120 °C vorheizen. Zwiebeln, Sellerie und Karotte schälen und in etwa 1 ½ cm große Würfel schneiden. Den Joghurt mit Küchenpapier von der Lammkeule abtupfen. Eine große Pfanne bei mittlerer Temperatur erhitzen und das Öl mit einem Pinsel darin verstreichen. Die Keule darin rundum anbraten und wieder herausnehmen.

3 Den Puderzucker in die Pfanne stäuben, bei milder Hitze hell karamellisieren und die Gemüsewürfel darin andünsten. Das Tomatenmark dazugeben und kurz anrösten. Mit etwas Brühe ablöschen und alles in einen Bräter füllen. Die restliche Brühe dazugießen, die Lammkeule darauflegen und im Ofen auf der untersten Schiene etwa 2 ½ Stunden rosa garen. Dabei ab und zu mit Bratenfond beträufeln. Nach 2 Stunden Lorbeerblatt und Pfefferkörner in die Sauce geben.

4 Die Keule aus dem Bräter nehmen und warm halten. Die Sauce durch ein Sieb gießen und das Gemüse etwas ausdrücken. Die Sauce in einem Topf aufkochen. Die Stärke in wenig kaltem Wasser glatt rühren, in die Sauce geben und köcheln lassen, bis diese leicht sämig bindet. Knoblauch, Ingwer, Zitronenschale, Vanilleschote, Zimt und Thymian hinzufügen und knapp unter dem Siedepunkt wenige Minuten ziehen lassen. Die Würzzutaten wieder herausnehmen und die Sauce mit Chilisalz abschmecken.

5 Für das Rosmarin-Polenta-Püree die Brühe mit Milch und Lorbeerblatt in einem Topf aufkochen. Die Polenta einrieseln lassen und unter Rühren etwa 5 Minuten köcheln lassen. Dann Rosmarin, Parmesan und braune Butter unterrühren und die Polenta mit Chilisalz und Muskatnuss würzen.

6 Zum Servieren die Lammkeule in dünne Scheiben schneiden und mit der Sauce auf vorgewärmten Tellern anrichten. Das Rosmarin-Polenta-Püree danebensetzen.

Wildschweinragout mit gemischten Knödeln

Zutaten für 4 Personen

Für die Knödel:
250 g mehligkochende Kartoffeln
Salz · 100 g Brötchen (vom Vortag)
90 ml Milch
1 gestr. EL Speisestärke
20 g Hartweizengrieß
2 Eier · 1 EL flüssige braune Butter
(siehe S. 112)
Pfeffer aus der Mühle
frisch geriebene Muskatnuss
1 Msp. abgeriebene unbehandelte
Zitronenschale · 1 Lorbeerblatt
1 getrocknete Chilischote
1 Knoblauchzehe (geschält und
halbiert) · 2 Scheiben Ingwer

Für das Wildschweinragout:
800 g Wildschweinfleisch
(aus der Schulter)
100 g Knollensellerie · 1 Karotte
2 mittelgroße Zwiebeln · 1–2 TL Öl
4 cl Weinbrand · 200 ml Rotwein
1 EL Tomatenmark
ca. ½ l Hühnerbrühe · 1 Lorbeerblatt · ½ TL schwarze Pfefferkörner
5 Pimentkörner
5 Wacholderbeeren (leicht
angedrückt)
1 Zimtsplitter
1 halbierte Knoblauchzehe
2 Scheiben Ingwer
1 Streifen unbehandelte
Orangenschale
½ TL Puderzucker
4 EL Aceto balsamico
5 g Zartbitterschokolade (70 %
Kakaoanteil)
Salz · Pfeffer aus der Mühle
20 g kalte Butter

1 Für die Knödel die Kartoffeln mit der Schale in Salzwasser weich garen. Dann abgießen, kurz ausdampfen lassen, möglichst heiß pellen und durch die Kartoffelpresse drücken. Die durchgepressten Kartoffeln auf einem großen Teller ausbreiten und ausdampfen lassen. Dann zugedeckt im Kühlschrank mehrere Stunden auskühlen lassen.

2 Für das Wildschweinragout das Fleisch von Fett und Sehnen befreien und in 2 bis 3 cm große Würfel schneiden. Sellerie, Karotte und Zwiebeln schälen und in 1 bis 2 cm große Würfel schneiden.

3 Das Öl in einem weiten Topf erhitzen und das Fleisch darin portionsweise bei mittlerer Hitze rundum anbraten, danach aus dem Topf nehmen und beiseitestellen. Den Bratsatz mit Weinbrand und der Hälfte des Weins ablöschen, das Tomatenmark dazugeben und alles sirupartig einköcheln lassen. Den übrigen Wein hinzufügen und nochmals einköcheln lassen.

4 Die Gemüsewürfel mit den Fleischstücken hineingeben und mit so viel Brühe aufgießen, dass die Fleischstücke gut bedeckt sind. Das Wildschweinfleisch mit einem Blatt Backpapier bedecken und bei milder Hitze knapp unter dem Siedepunkt etwa 1½ Stunden weich schmoren. Nach 1 Stunde Lorbeerblatt, Pfeffer- und Pimentkörner, Wacholderbeeren und Zimtsplitter dazugeben.

5 Für die Knödel die Brötchen in möglichst dünne Scheiben schneiden und in eine Schüssel geben. Die Milch in einem Topf aufkochen, über die Brötchenscheiben gießen und die Masse zugedeckt 5 Minuten ziehen lassen. Die ausgekühlten, durchgepressten Kartoffeln mit eingeweichten Brötchen, Speisestärke, Grieß, Eiern, brauner Butter, Salz, Pfeffer, Muskatnuss und Zitronenschale zu einem glatten Knödelteig verarbeiten. Aus dem Teig mit angefeuchteten Händen 8 Knödel formen. In einem Topf Salzwasser zum Kochen bringen und Lorbeerblatt, Chilischote, Knoblauch und Ingwer hinzufügen. Die Knödel darin knapp unter dem Siedepunkt etwa 20 Minuten gar ziehen lassen.

6 Die geschmorten Fleischstücke aus dem Topf nehmen. Die Sauce durch ein Sieb in einen Topf gießen und je nach Konsistenz noch etwas einkochen lassen. Knoblauch, Ingwer und Orangenschale dazugeben, wenige Minuten darin ziehen lassen und wieder entfernen.

7 Für die Balsamicoreduktion den Puderzucker in eine Pfanne stäuben und bei milder Hitze hell karamellisieren. Mit dem Balsamico ablöschen und auf die Hälfte einkochen lassen. Die Schokolade in die Sauce geben. Mit Salz, Pfeffer und der Balsamicoreduktion abschmecken. Zuletzt die Butter hineinrühren.

8 Zum Servieren das Fleisch in der Sauce erwärmen. Mit den Knödeln auf vorgewärmten Tellern anrichten.

Rosa gebratener Rehrücken auf Wacholderrahm

1 Den Backofen auf 220 °C vorheizen. Die Rehrückenfilets mithilfe eines scharfen Ausbeinmessers vom Knochen lösen und alle Sehnen entfernen. Für die Sauce die Rehrückenknochen klein hacken und auf einem Backblech im Ofen rundum etwa 30 Minuten bräunen. Das Blech aus dem Ofen nehmen und das ausgetretene Fett entfernen.

2 Zwiebeln, Karotte und Sellerie schälen und in 2 cm große Würfel schneiden. Den Puderzucker in einen Topf stäuben und bei mittlerer Hitze hell karamellisieren. Die Gemüsewürfel dazugeben und andünsten. Das Tomatenmark hinzufügen und kurz anrösten.

3 Mit dem Portwein und 100 ml Rotwein ablöschen und sirupartig einköcheln lassen. Den übrigen Rotwein auf zweimal hinzufügen und jeweils sirupartig einköcheln lassen. Dann die gebräunten Knochen dazugeben, das Ganze mit Brühe aufgießen, mit einem Blatt Backpapier bedecken und bei milder Hitze 2 Stunden mehr ziehen als köcheln lassen.

4 Die Sauce durch ein Sieb in einen Topf gießen und um etwa ein Drittel einköcheln lassen. Speisestärke in wenig kaltem Wasser glatt rühren, in die Sauce geben und köcheln lassen, bis diese sämig bindet.

5 Pfefferkörner, Pimentkörner, Lorbeerblatt, Wacholderbeeren, Zimtrinde, Orangenschale und Ingwer in die Sauce legen, wenige Minuten darin ziehen lassen und durch ein Sieb gießen. Dann die Sauce mit Zartbitterschokolade, Preiselbeerkompott, Sahne, Salz und Pfeffer abschmecken und zuletzt die kalte Butter hineinrühren.

6 Für den Rehrücken den Backofen auf 100 °C vorheizen. Auf die mittlere Schiene ein Ofengitter und darunter ein Abtropfblech schieben. Eine Pfanne bei mittlerer Temperatur erhitzen und das Öl mit einem Pinsel darin verstreichen. Die Rehrückenfilets in der Pfanne rundum anbraten, auf das Ofengitter setzen und 30 bis 40 Minuten rosa durchziehen lassen.

7 Zum Servieren die braune Butter in einer Pfanne erwärmen, mit Chilisalz und Pfeffer würzen und die Rehrückenfilets darin wenden. Dann in Scheiben schneiden und mit der Sauce auf vorgewärmten Tellern anrichten. Nach Belieben Spätzle (siehe S. 28) und Blaukraut (siehe S. 85) dazu servieren.

Zutaten für 4 Personen

1 ½ kg Rehrücken (am Knochen)
2 Zwiebeln
1 Karotte
150 g Knollensellerie
1 TL Puderzucker
1 EL Tomatenmark
50 ml roter Portwein
300 ml kräftiger Rotwein
2 l möglichst schwach gesalzene Hühner- oder Gemüsebrühe
1–2 TL Speisestärke
½ TL schwarze Pfefferkörner
½ TL Pimentkörner
1 Lorbeerblatt
1 TL Wacholderbeeren (leicht angedrückt)
1 Zimtsplitter
1 Streifen unbehandelte Orangenschale
2 Scheiben Ingwer
½ TL gehackte Zartbitterschokolade
1–2 TL Preiselbeerkompott
50 g Sahne
Salz · Pfeffer aus der Mühle
1 EL kalte Butter
½ TL Öl
20 g braune Butter (siehe S. 112)
mildes Chilisalz

Schokoladensoufflé mit Gewürzsahne

**Zutaten für 4 ofenfeste Förmchen
(à ca. 150 ml Inhalt)**

Für das Soufflé:
2 EL Mandelblättchen
35 g Zartbitterschokolade
3 Eier
35 g weiche Butter
1 TL Rum
Salz
40 g Zucker

Für die Gewürzsahne:
200 g Sahne
1 TL Vanillezucker
je ½ TL gemahlener Kardamom und Zimtpulver
je 1 Msp. gemahlene Anissamen und Pimentkörner
½ TL abgeriebene unbehandelte Orangenschale

Außerdem:
Butter und Zucker für die Förmchen

1 Für das Soufflé die Förmchen mit Butter einfetten und mit Zucker ausstreuen. Den Backofen auf 220 °C vorheizen. Auf die unterste Schiene ein tiefes Backblech schieben, etwa 2 cm hoch mit heißem Wasser füllen und ein Blatt Küchenpapier einlegen.

2 Die Mandelblättchen in einer Pfanne ohne Fett bei mittlerer Hitze unter ständigem Rühren hell rösten, herausnehmen und abkühlen lassen. Die Schokolade klein hacken und in einer Metallschüssel im heißen Wasserbad schmelzen.

3 Die Eier trennen. Die weiche Butter in einer Schüssel mit den Quirlen des Handrührgeräts schaumig schlagen. Nach und nach die Eigelbe unterrühren. Die flüssige Schokolade und den Rum ebenfalls hinzufügen und unterrühren.

4 Die Eiweiße mit 1 Prise Salz zu einem cremigen Schnee schlagen, dabei nach und nach den Zucker einrieseln lassen. Den Eischnee vorsichtig mit einem Teigspatel unter die Schokoladenmasse ziehen und die Mandelblättchen unterheben.

5 Die Souffléförmchen etwa drei Viertel hoch mit der Schokoladenmasse füllen und in das vorbereitete Blech stellen. Die Schokoladensoufflés im Ofen im heißen Wasserbad 15 bis 20 Minuten garen.

6 Für die Gewürzsahne die Sahne mit dem Vanillezucker, den Gewürzen und der Orangenschale in einer Schüssel verrühren und mit den Quirlen des Handrührgeräts halbsteif schlagen.

7 Die Schokoladensoufflés aus dem Ofen nehmen und sofort auf Dessertteller stürzen. Die Soufflés zur Hälfte mit der Gewürzsahne überziehen und sofort servieren.

Mein Tipp

Die Schokoladensoufflés sollten Sie am besten erst kurz vor dem Servieren backen – frisch aus dem Ofen sind sie wunderbar luftig und schmecken besonders fein. Um die heißen Soufflés zu stürzen, fasst man die Förmchen mit einem gefalteten Küchentuch oder einer Stoffserviette an.

Tiramisu mit Mandelkrokant

1 Für den Mandelkrokant die Mandelblättchen in einer Pfanne ohne Fett bei mittlerer Hitze unter ständigem Rühren hell rösten, herausnehmen und abkühlen lassen. Den Zucker in die Pfanne geben und bei milder Hitze hell karamellisieren. Die Mandelblättchen dazugeben und rasch unterrühren.

2 Die Karamellmasse auf ein mit Backpapier belegtes Schneidebrett geben, mit einem zweiten Blatt Backpapier belegen und mit dem Nudelholz möglichst dünn ausrollen. Abkühlen lassen und grobkörnig zerstoßen.

3 Für die Creme den Mascarpone mit Zucker, Vanillezucker und 1 Prise Salz glatt rühren. Die Sahne cremig schlagen. Ein Drittel der Schlagsahne mit dem Schneebesen in den Mascarpone rühren, die übrige Sahne und den Krokant mit einem Teigspatel unterheben.

4 Kaffee und Likör in einem tiefen Teller mischen. Die Löffelbiskuits nacheinander darin eintauchen und eine kleine Auflaufform damit dicht auslegen. Die Hälfte der Mascarponecreme darauf verteilen und glatt streichen.

5 Die restlichen Löffelbiskuits ebenfalls in die Kaffee-Likör-Mischung eintauchen und dicht auf der Cremeschicht auslegen. Die übrige Creme daraufgeben und glatt verstreichen. Das Tiramisu mit Frischhaltefolie abdecken und 1 bis 2 Stunden kühl stellen.

6 Zum Servieren Kakao und Zimt mischen und durch ein feines Sieb gleichmäßig auf das Tiramisu sieben. Das Tiramisu in Stücke schneiden und auf Dessertteller setzen.

Zutaten für 4–6 Personen

Für den Mandelkrokant:
30 g Mandelblättchen
40 g Zucker

Für die Creme:
250 g gekühlter Mascarpone
30 g Zucker
1 TL Vanillezucker
Salz
200 g Sahne

Außerdem:
200 ml Kaffee
2 cl Mandellikör (z. B. Amaretto)
150 g Löffelbiskuits
1–2 EL Kakaopulver
1 Msp. Zimtpulver

Mein Tipp

Eine schöne Variante ist ein Limoncello-Himbeer-Tiramisu: Dafür 60 ml Wasser mit 20 g Zucker aufkochen – der Zucker sollte sich dabei lösen –, vom Herd nehmen und abkühlen lassen. Das Zuckerwasser mit 120 ml Limoncello (ital. Zitronenlikör) verrühren. Die Löffelbiskuits anstatt in Kaffee in die Limoncello-Tränke tauchen und mit etwa 300 g Himbeeren und der Mascarponecreme einschichten. Da man das Dessert ohne Eier zubereitet (im Gegensatz zum italienischen Original), kann man es auch gut noch am nächsten Tag verzehren.

Marmorierte Bayerische Creme mit Himbeeren

Zutaten für 4 Edelstahlringe (ca. 6 cm Ø) oder 4 Portionsförmchen (à ca. 120 ml Inhalt)

Für die Bayerische Creme:
2 Blatt Gelatine
40 g Zartbitterschokolade (70 % Kakaoanteil)
300 g Sahne
3 Eigelb
50 g Puderzucker
Mark von 1 Vanilleschote
1 cl Himbeergeist

Für die karamellisierten Strudelteigblätter:
1 Strudelteigblatt (20 x 20 cm; aus dem Kühlregal)
flüssige Butter zum Bestreichen
Puderzucker zum Bestäuben

Für das Himbeermark:
100 g Himbeeren
1 EL Holunderblütensirup
einige Tropfen Zitronensaft

Für die Beeren:
200 g gemischte Beeren (z. B. Him-, Blau-, Erdbeeren)
1–2 TL Holunderblütensirup
einige Tropfen Zitronensaft

1 Für die Bayerische Creme die Gelatine in kaltem Wasser einweichen. Die Schokolade klein hacken und in einer Metallschüssel im heißen Wasserbad schmelzen. Die Sahne halbsteif schlagen. Die Eigelbe mit Puderzucker und Vanillemark in eine Schüssel geben und mit dem Schneebesen zu einer hellschaumigen Masse aufschlagen.

2 Den Himbeergeist in einem kleinen Topf erhitzen und vom Herd nehmen. Die Gelatine gut ausdrücken, im Himbeergeist unter Rühren auflösen und unter die Eigelbmasse rühren. Ein Drittel der geschlagenen Sahne mit dem Schneebesen unter die Creme mischen, die restliche Sahne mit einem Teigspatel vorsichtig unterheben.

3 Ein Viertel der Bayerischen Creme mit der geschmolzenen Schokolade verrühren. Dann die Schokocreme mit einem Löffel nur leicht unter die übrige helle Creme ziehen, sodass ein marmorartiges Muster entsteht. Ein Blatt Backpapier auf einen Teller legen und die Edelstahlringe daraufsetzen. Die Bayerische Creme in die Ringe füllen und zugedeckt im Kühlschrank etwa 2 Stunden fest werden lassen.

4 Für die karamellisierten Strudelteigblätter den Backofen auf 180 °C vorheizen. Den Teig auf einer Arbeitsfläche ausbreiten, in etwa handtellergroße Rauten oder andere Formen schneiden und auf ein mit Backpapier belegtes Backblech legen. Den Strudelteig mit der flüssigen Butter dünn bestreichen, mit etwas Puderzucker bestäuben und im Ofen etwa 5 Minuten auf Sicht knusprig braun backen.

5 Für das Himbeermark die Himbeeren verlesen, waschen und trocken tupfen. Mit Holunderblütensirup und Zitronensaft in einem hohen Rührbecher mit dem Stabmixer pürieren und durch ein Sieb streichen. Die gemischten Beeren ebenfalls verlesen, waschen und trocken tupfen. Dann mit Sirup und Zitronensaft marinieren.

6 Zum Servieren die Creme aus dem Ring schneiden, halbieren und auf Dessertteller setzen. Mit Himbeermark und Beeren garnieren und die Strudelteigblätter dazulegen. Nach Belieben mit frischen Minzeblättern garnieren.

Mein Tipp

Porzellan- oder Glasförmchen zum Stürzen am besten 7 bis 8 Sekunden bis unter den Rand in heißes Wasser tauchen, Edelstahlförmchen nur kurz tauchen.

Feiern mit Freunden

Lauwarmer Maultaschensalat

Zutaten für 8 kleine Gläser

Fett zum Frittieren
4 Schalotten (oder 1 Zwiebel)
70 g doppelgriffiges Mehl (Wiener Grießler)
1 TL Paprikapulver (edelsüß) oder Räucherpaprikapulver (Piment de la Vera picante)
Salz · 70 ml Gemüsebrühe
1–2 EL Weißweinessig
2 EL mildes Olivenöl
mildes Chilisalz · Zucker
1 Handvoll Staudensellerieblätter
1 kleine Stange Staudensellerie
2–3 Blätter Castelfranco-Salat
4 große, vorgefertigte Maultaschen (ca. 400 g) · 1 TL Öl

1 Für die Röstzwiebeln das Frittierfett in der Fritteuse oder einem Topf auf etwa 170 °C erhitzen (siehe Tipp S. 118). Die Schalotten schälen und in Ringe schneiden. Das Mehl mit Paprikapulver mischen, die Schalottenringe darin wenden und überschüssiges Mehl abschütteln. Schalotten im heißen Fett hellbraun frittieren. Mit dem Schaumlöffel herausheben, auf Küchenpapier abtropfen lassen und salzen.

2 Für das Dressing die Brühe mit Essig und Olivenöl verrühren und mit Chilisalz und 1 Prise Zucker würzen. Für den Salat das Selleriegrün waschen und trocken tupfen, die Blätter abzupfen. Die Selleriestange putzen, waschen und in dünne Scheiben schneiden. Die Salatblätter putzen und waschen, trocken schleudern und kleiner zupfen. Selleriegrün und -scheiben sowie Salatblätter mischen.

3 Die Maultaschen in etwa ½ cm dicke Scheiben schneiden. Eine Pfanne bei mittlerer Temperatur erhitzen und das Öl mit einem Pinsel darin verstreichen. Die Maultaschenscheiben darin auf beiden Seiten kurz anbraten. Die Sellerie-Salat-Mischung in die Gläser verteilen und die Maultaschen daraufsetzen. Alles mit dem Dressing beträufeln und die Röstzwiebeln daraufsetzen.

Garnelen auf Rahmgurken

Zutaten für 8 kleine Gläser

1 EL Beluga- bzw. Kaviarlinsen
Salz · 2 Salatgurken (à ca. 400 g)
2–3 EL mildes Olivenöl
1 EL Dillspitzen (frisch geschnitten)
mildes Chilisalz
150 g Sauerrahm (saure Sahne)
1 Spritzer Zitronensaft
mildes Chilipulver · Zucker
8 rohe Riesengarnelen · ½ TL Öl
½ TL Scampigewürz (ersatzweise Currypulver)
8 Dillspitzen zum Garnieren

1 Die Linsen in Salzwasser etwa 20 Minuten weich kochen. In ein Sieb abgießen, kalt abbrausen und abtropfen lassen. Gurken schälen, längs halbieren und Kerne entfernen. Gurkenhälften in Würfel schneiden und in kochendem Salzwasser 1 bis 2 Minuten blanchieren. In ein Sieb abgießen, kalt abschrecken und abtropfen lassen. Mit Linsen, 1 bis 2 EL Olivenöl und Dill mischen, mit Chilisalz würzen. Sauerrahm mit Zitronensaft, Salz, je 1 Prise Chili und Zucker verrühren.

2 Garnelen schälen, den Darm entfernen und die Garnelen längs halbieren. Eine Pfanne bei milder Temperatur erhitzen, das Öl darin verstreichen und Garnelen auf der farbigen Seite etwa 1 Minute anbraten. Vom Herd nehmen, Garnelen wenden und in der Resthitze noch 1 bis 2 Minuten ziehen lassen. Übriges Öl und Gewürz hinzufügen und mit Chilisalz würzen. Gurkenwürfel in die Gläser verteilen, je 1 EL Rahmsauce und 2 Garnelen daraufgeben. Mit Dill garnieren.

Chilikäse in der Brotkruste

Zutaten für 4 Personen

Für den Chilikäse:
8 Scheiben Chili-Weichschimmelkäse (ca. 1 cm dick und 6 cm lang)
16 Scheiben Mini-Kastenbrot (vom Vortag; 6–7 cm lang, 5 cm breit, hauchdünn geschnitten)
etwas Obatzda- oder Käsegewürz (nach Belieben; ersatzweise etwas Currypulver)

Für den Kräutersalat:
1 TL Zitronensaft
1 Msp. abgeriebene unbehandelte Zitronenschale
1 EL Olivenöl · mildes Chilisalz
20 g gemischte Kräuterblätter (z. B. Basilikum, Dill, Kerbel, Petersilie)
2 Walnusskerne
1 eingelegte schwarze Walnuss

1 Für den Chilikäse die Käsescheiben jeweils auf 1 Brotscheibe legen und nach Belieben mit wenig Gewürzmischung bestäuben. Eine zweite Brotscheibe daraufsetzen und das Brot fest andrücken.

2 Eine Pfanne bei mittlerer Hitze ohne Fett erhitzen. Die gefüllten Brotscheiben darin auf beiden Seiten je 1 bis 1½ Minuten kross braten. Dann herausnehmen und nach Belieben diagonal halbieren.

3 Für den Kräutersalat Zitronensaft, Zitronenschale und Olivenöl verrühren und mit Chilisalz würzen. Die Kräuterblätter verlesen, putzen, waschen und trocken schütteln. Anschließend mit dem Dressing marinieren.

4 Zum Servieren die belegten Brote auf kleine Teller oder eine Platte legen, mit den marinierten Kräuterblättern garnieren und die Walnusskerne darüberhobeln. Die eingelegte schwarze Walnuss in dünne Scheiben schneiden und den Salat damit garnieren.

Mein Tipp

Fein schmeckt auch eine Fleischpflanzerlfüllung. Dafür die Pflanzerlmasse (siehe S. 125) 1 bis 1½ cm hoch zwischen die dünnen Brotscheiben füllen und bei milder Hitze in etwas Öl auf beiden Seiten braten. Dazu passt eine Radieschen-Salsa. Und so wird sie gemacht: 1 Bund Radieschen putzen, waschen und in kleine, etwa ½ cm große Würfel schneiden. In einer kleinen Schüssel mit Salz würzen und etwas ziehen lassen. 3 Frühlingszwiebeln putzen, waschen, in Ringe schneiden und mit 1 EL mildem Olivenöl dazugeben. Die Salsa mit buntem Pfeffer aus der Mühle (Mix aus schwarzem und grünem Pfeffer, zerbrochenem Langem Pfeffer und Sichuanpfeffer) würzen und abschmecken.

Graupensalat mit Roastbeef

Zutaten für 8 kleine Gläser

Für die Graupen:
1 kleine Zwiebel
1 Lorbeerblatt · 2 Gewürznelken
50 g Perlgraupen · Salz
1 getrocknete rote Chilischote

Außerdem:
200 g Roastbeef (rosa gegart siehe S. 58; oder aus dem Feinkostladen)
70 g weiße Bohnen (aus der Dose)
50 g Maiskörner (aus dem Glas)
50 g grüne Erbsen (tiefgekühlt)
Salz · ½ rote Paprikaschote
¼ rote Zwiebel · ½ Apfel
2 EL Weißweinessig
1 EL Öl
mildes Chilisalz · Zucker
2–3 Liebstöckelblätter (oder Petersilienblätter; frisch geschnitten)

1 Für die Graupen die Zwiebel schälen. Das Lorbeerblatt mit den Gewürznelken auf der Zwiebel feststecken. Die Graupen in ein Sieb geben, kalt abbrausen und abtropfen lassen.

2 Die Graupen in Salzwasser mit der gespickten Zwiebel und der Chilischote etwa 40 Minuten weich kochen. Anschließend in ein Sieb abgießen, kalt abbrausen und abtropfen lassen.

3 Inzwischen das Roastbeef in ½ bis 1 cm große Würfel schneiden. Bohnen und Mais in ein Sieb abgießen, kalt abbrausen und abtropfen lassen. Die Erbsen in kochendem Salzwasser 1 bis 2 Minuten kochen, in ein Sieb abgießen, kalt abschrecken und abtropfen lassen.

4 Die Paprikahälfte waschen, schälen und in kleine Würfel schneiden. Die Zwiebel schälen und fein würfeln. Den Apfel waschen und nach Belieben schälen, entkernen und halbieren. Ein Viertel in etwa ½ cm große Würfel schneiden, das zweite Viertel beiseitelegen.

5 Für das Dressing Essig und Öl verrühren. Mit Chilisalz und 1 Prise Zucker würzen. Roastbeef, Graupen, Gemüse und Apfelwürfel in eine Schüssel geben und mit dem Dressing mischen, den Liebstöckel unterziehen. Den Salat 10 Minuten ziehen lassen und gegebenenfalls nochmals etwas nachwürzen.

6 Zum Servieren den Graupensalat in die Gläser verteilen. Das restliche Apfelviertel in dünne Scheiben schneiden und den Graupensalat damit garnieren (Foto siehe S. 105; rechte Reihe).

Mein Tipp

Dieser Salat lässt sich ausgezeichnet vorbereiten. Dazu bis auf das Roastbeef alles marinieren und bis etwa 1 Stunde vor dem Servieren zugedeckt kühl stellen. Weil der Salat aber am besten schmeckt, wenn er Zimmertemperatur hat, muss man ihn rechtzeitig wieder aus dem Kühlschrank nehmen. Das Roastbeef (oder auch Reste von Suppenfleisch, siehe S. 10) hinzufügen und bei Bedarf nochmals nachwürzen.

Gulaschsuppe mit Räucherpaprika

1 Für die Gulaschsuppe das Rindfleisch von groben Sehnen befreien und in 1 cm große Würfel schneiden. Die Zwiebeln schälen und in feine Würfel schneiden.

2 Das Öl in einem großen Topf erhitzen, die Fleischwürfel darin bei mittlerer Hitze rundum gut anbraten und aus dem Topf nehmen. Die Zwiebelwürfel in den Topf geben und im verbliebenen Bratfett andünsten. Das Tomatenmark unterrühren und kurz anrösten. Das Fleisch wieder hinzufügen, die Brühe dazugießen und das Fleisch bei milder Hitze knapp unter dem Siedepunkt 2½ Stunden weich garen.

3 Die Paprikahälften entkernen, waschen und in ½ bis 1 cm große Würfel schneiden. Den Zucchino putzen, waschen und in ½ bis 1 cm große Würfel schneiden. Die Kartoffeln schälen, waschen und in 1 cm große Würfel schneiden. Die Chilischote längs halbieren, entkernen, waschen und in feine Würfel schneiden.

4 Nach etwa 2 Stunden Garzeit Paprika, Zucchino, Kartoffeln und Chili zum Fleisch geben und die Suppe mit etwas Salz würzen. Das Lorbeerblatt hinzufügen.

5 Für das Gulaschgewürz den Knoblauch schälen und fein hacken. Die Zitronenschale, den Kümmel und den Majoran ebenfalls fein hacken und mit dem Knoblauch mischen. Beide Paprikapulversorten mit der Brühe glatt rühren.

6 Die Gulaschsuppe mit etwas Gulaschgewürzmischung sowie dem angerührten Paprikapulver würzen und 5 Minuten ziehen lassen. Dann das Lorbeerblatt wieder entfernen.

7 Zum Servieren die Gulaschsuppe mit Salz und Pfeffer abschmecken, in vorgewärmten Suppentassen, tiefen Tellern oder Schälchen anrichten und mit Petersilie bestreut servieren.

Zutaten für 4 Personen
Für die Gulaschsuppe:
700 g Rindfleisch (aus der Wade oder Schulter)
400 g Zwiebeln · 1–2 EL Öl
1 EL Tomatenmark
¾ l Hühnerbrühe
je ½ gelbe und rote Paprikaschote
½ Zucchino
400 g festkochende Kartoffeln
1 frische rote Chilischote
Salz · 1 Lorbeerblatt
Pfeffer aus der Mühle
1 TL Paprikapulver (edelsüß)
2 TL Räucherpaprikapulver (Piment de la Vera picante)
1–2 EL kalte Hühnerbrühe (oder kaltes Wasser)

Für das Gulaschgewürz:
2 Knoblauchzehen
2 Streifen unbehandelte Zitronenschale
½ TL ganzer Kümmel
½ TL getrockneter Majoran

Außerdem:
2 EL Petersilienblätter (frisch geschnitten)

Mein Tipp

Diese Gulaschsuppe ist ideal für eine Party und auch ein perfekter Mitternachtssnack, da sie sich super vorbereiten lässt und dabei geschmacklich sogar noch besser wird. Wichtig ist nur, dass Sie sie langsam und unter Rühren wieder erwärmen. Am besten nicht gleich die ganze Menge Gulaschgewürz in die Suppe geben – nachwürzen kann man immer noch! Reste der Gewürzmischung kann man mit etwas Butter mischen, in Frischhaltefolie wickeln und einige Tage im Kühlschrank aufbewahren.

Chilikäse in der Brotkruste

Zutaten für 4 Personen

Für den Chilikäse:
8 Scheiben Chili-Weichschimmelkäse (ca. 1 cm dick und 6 cm lang)
16 Scheiben Mini-Kastenbrot (vom Vortag; 6–7 cm lang, 5 cm breit, hauchdünn geschnitten)
etwas Obatzda- oder Käsegewürz (nach Belieben; ersatzweise etwas Currypulver)

Für den Kräutersalat:
1 TL Zitronensaft
1 Msp. abgeriebene unbehandelte Zitronenschale
1 EL Olivenöl · mildes Chilisalz
20 g gemischte Kräuterblätter (z. B. Basilikum, Dill, Kerbel, Petersilie)
2 Walnusskerne
1 eingelegte schwarze Walnuss

1 Für den Chilikäse die Käsescheiben jeweils auf 1 Brotscheibe legen und nach Belieben mit wenig Gewürzmischung bestäuben. Eine zweite Brotscheibe daraufsetzen und das Brot fest andrücken.

2 Eine Pfanne bei mittlerer Hitze ohne Fett erhitzen. Die gefüllten Brotscheiben darin auf beiden Seiten je 1 bis 1½ Minuten kross braten. Dann herausnehmen und nach Belieben diagonal halbieren.

3 Für den Kräutersalat Zitronensaft, Zitronenschale und Olivenöl verrühren und mit Chilisalz würzen. Die Kräuterblätter verlesen, putzen, waschen und trocken schütteln. Anschließend mit dem Dressing marinieren.

4 Zum Servieren die belegten Brote auf kleine Teller oder eine Platte legen, mit den marinierten Kräuterblättern garnieren und die Walnusskerne darüberhobeln. Die eingelegte schwarze Walnuss in dünne Scheiben schneiden und den Salat damit garnieren.

Mein Tipp

Fein schmeckt auch eine Fleischpflanzerlfüllung. Dafür die Pflanzerlmasse (siehe S. 125) 1 bis 1½ cm hoch zwischen die dünnen Brotscheiben füllen und bei milder Hitze in etwas Öl auf beiden Seiten braten. Dazu passt eine Radieschen-Salsa. Und so wird sie gemacht: 1 Bund Radieschen putzen, waschen und in kleine, etwa ½ cm große Würfel schneiden. In einer kleinen Schüssel mit Salz würzen und etwas ziehen lassen. 3 Frühlingszwiebeln putzen, waschen, in Ringe schneiden und mit 1 EL mildem Olivenöl dazugeben. Die Salsa mit buntem Pfeffer aus der Mühle (Mix aus schwarzem und grünem Pfeffer, zerbrochenem Langem Pfeffer und Sichuanpfeffer) würzen und abschmecken.

Kräutermayonnaise, Barbecue-Sauce und Mango-Chutney

Zutaten für je ca. 350 ml

Für die Kräutermayonnaise:
1 Handvoll gemischte Kräuter
(z. B. Basilikum, Kerbel)
125 ml Milch · 20 g Dijon-Senf
Salz · 1 Knoblauchzehe (gerieben)
1 TL geriebener Ingwer
1 Msp. abgeriebene unbehandelte
Zitronenschale
200 ml Maiskeimöl
mildes Chilisalz · 1 TL Zitronensaft

Für die Barbecue-Sauce:
100 ml Ananassaft · 50 ml Espresso
300 g Tomatenketchup · 1 EL Honig
1 TL Räucherpaprikapulver (Piment
de la Vera picante)
Lebkuchengewürz
10 g Rauchsalz aus der Mühle
milde Chiliflocken
je 1 Msp. abgeriebene unbehandelte
Limetten- und Orangenschale
1 geriebene Knoblauchzehe
½ TL geriebener Ingwer
mildes Chilisalz

Für das Mango-Chutney:
½ Zwiebel · 2 vollreife Mangos
50 ml Gemüsebrühe
½ TL geriebener Knoblauch
½ TL geriebener Ingwer
1 kleine frische rote Chilischote
1 EL mildes Olivenöl
Salz · Zucker

1 Für die Kräutermayonnaise die Kräuter waschen und trocken schütteln. Die Blätter von den Stielen zupfen und grob schneiden. Milch, Senf, 1 Prise Salz, Knoblauch, Ingwer, Zitronenschale und Kräuter in einen hohen Rührbecher füllen. Alles mit dem Stabmixer einmal durchrühren, dann unter weiterem Mixen das Öl in einem dünnen Strahl langsam hinzufügen und so lange mixen, bis eine sämige Sauce entstanden ist. Die Kräutermayonnaise mit Chilisalz und Zitronensaft abschmecken.

2 Für die Barbecue-Sauce Ananassaft, Espresso, Ketchup und Honig in einem kleinen Topf glatt rühren. Die Sauce mit Paprikapulver, 1 Prise Lebkuchengewürz, Rauchsalz, Chiliflocken, Limetten- und Orangenschale, Knoblauch und Ingwer würzen, einmal aufkochen und vom Herd nehmen. Die Barbecue-Sauce mit Chilisalz abschmecken. Nach Belieben warm, lauwarm oder kalt servieren.

3 Für das Mango-Chutney die Zwiebel schälen und in feine Würfel schneiden. Die Mangos auf die schmale Seite stellen, das Fruchtfleisch mit einem Gemüsemesser vom Stein schneiden, schälen und in ½ cm große Würfel schneiden. Die Zwiebelwürfel in einem kleinen Topf mit der Brühe aufkochen. Ein Viertel der Mangowürfel, den Knoblauch und den Ingwer dazugeben und alles 2 bis 3 Minuten köcheln lassen, dann vom Herd nehmen und nach Belieben mit dem Stabmixer pürieren. Die Chilischote längs halbieren, entkernen und waschen, in Streifen schneiden. Die Chilistreifen mit den übrigen Mangowürfeln unter die Zwiebel-Mango-Masse mischen. Zuletzt das Olivenöl unterrühren und das Mango-Chutney mit Salz und Zucker abschmecken.

Mein Tipp

Für die Mayonnaise lassen sich die Kräuter beliebig variieren: Je nach Saison passen auch sehr gut Bärlauch und viele andere Gartenkräuter wie Dill, Estragon, Koriander und Petersilie. Petersilienblätter am besten vorher wenige Minuten blanchieren, damit sie milder im Geschmack sind. Auch Estragon und Minze bringen einen starken Eigengeschmack ein – daher immer vorsichtig dosieren.

Braune Butter und dreierlei Gewürzbutter

Zutaten für ca. 200 g

Für die braune Butter:
250 g Butter

Für eine arabische Gewürzbutter:
40 g braune Butter
1 TL grüne Kardamomkapseln (leicht angedrückt)
1 Knoblauchzehe (in Scheiben)
2–3 Ingwerscheiben
½ zersplitterte Zimtrinde
½ ausgekratzte Vanilleschote
mildes Chilisalz

Für eine Zitronen-Orangen-Butter:
40 g braune Butter
1 Knoblauchzehe (in Scheiben)
2–3 Ingwerscheiben
je ½-1 TL abgeriebene unbehandelte Zitronen- und Orangenschale
1 Zweig Rosmarin
mildes Chilisalz

Für eine Kaffeesalz-Butter:
100 g feines Salz
1 gestr. EL fein gemahlene Kaffeebohnen
je ¼ TL Vanillepulver, Zimtpulver und gemahlener schwarzer Pfeffer
je ⅛ TL gemahlener Kardamom, gemahlene Gewürznelke, gemahlener Piment und geriebene Muskatnuss
40 g braune Butter

1 Für die braune Butter die Butter in einen Topf geben und nach Belieben mit einem Löffel etwas zerkleinern. Die Butter bei milder Hitze langsam zerlassen. Dann etwa 10 Minuten köcheln lassen, bis sie goldbraun ist.

2 Ein Sieb mit einem Stück Küchenpapier auslegen. Die Butter in das Sieb gießen und in einer Schüssel auffangen. Die braune Butter abkühlen lassen und in ein gut verschließbares Glas füllen. Im Kühlschrank hält sie sich 2 bis 3 Monate.

3 FÜR EINE ARABISCHE GEWÜRZBUTTER die braune Butter in einer Pfanne oder einem kleinen Topf erwärmen. Kardamom, Knoblauch, Ingwer, Zimt und Vanilleschote dazugeben und darin wenige Minuten ziehen lassen und wieder entfernen. Zuletzt die Butter mit Chilisalz würzen.

4 FÜR EINE ZITRONEN-ORANGEN-BUTTER die braune Butter in einer Pfanne oder einem kleinen Topf erwärmen. Knoblauch, Ingwer und Zitronen- und Orangenschale hinzufügen, den Rosmarinzweig dazugeben und darin wenige Minuten ziehen lassen, dann wieder entfernen. Zuletzt die Butter mit Chilisalz würzen.

5 FÜR EINE KAFFEESALZ-BUTTER das Salz mit allen Gewürzen mischen und in einem Schraubglas oder einer gut schließenden Frischhaltebox luftdicht verschlossen aufbewahren. Die braune Butter in einer Pfanne erwärmen und mit dem Kaffeesalz würzen.

Mein Tipp

Die zunächst flüssige braune Butter wird beim Abkühlen hart – ähnlich wie Butterschmalz. Bei Gebrauch mit einem kleinen Messer eine beliebige Menge entnehmen und bei milder Hitze zerlassen. Dazu möglichst nur erwärmen und nicht zu stark erhitzen.

Alternativ können Sie nach demselben Prinzip wie oben beschrieben auch verschiedene Würzöle zubereiten. Dafür anstelle der braunen Butter die Zutaten mit erwärmtem Olivenöl mischen.

Zimtspieße mit Garnelen

1 Die Garnelen am Rücken entlang (nicht zu tief) einschneiden und den Darm vorsichtig herausziehen. Die Garnelen waschen, trocken tupfen und in kleine Würfel schneiden. Die Garnelenwürfel mit einem großen Messer nochmals etwas durchhacken, bis eine formbare, bindende Masse entstanden ist.

2 Die Garnelenmasse in eine Schüssel geben, Knoblauch, Ingwer und Limettenschale unterrühren und mit Currypulver, Dill, Koriander und Chilisalz würzen. Alles zu einer gleichmäßigen Masse mischen.

3 Aus der Garnelenmasse mit angefeuchteten Händen jeweils eine kleine Menge von 40 bis 50 g abnehmen und um die Zimtrinden zu langen Nocken formen.

4 Eine Grillpfanne bei mittlerer Temperatur erhitzen und das Öl mit einem Pinsel darin verstreichen. (Alternativ mit dem Grill arbeiten.) Die Zimtspieße in der Pfanne rundum 6 bis 8 Minuten braten.

Zutaten für 6 Spieße

300 g rohe, geschälte Garnelen
½ TL geriebener Knoblauch
½ TL geriebener Ingwer
½ TL abgeriebene unbehandelte Limettenschale
¼–½ TL mildes Currypulver
1 EL Dillspitzen (frisch geschnitten)
1 EL Koriandergrün (frisch geschnitten)
mildes Chilisalz
1 TL Öl
6 Zimtrinden (vorzugsweise Kassia-Zimt)

Mein Tipp

Eine noble Variante sind Zimtspieße mit Garnelen und Zander. Dafür benötigt man 150 g rohe geschälte Garnelen, 150 g Zanderfilet, ¼ TL milde Chiliflocken, ¼ TL Fünf-Gewürze-Pulver, 1 TL Koriandergrün (frisch geschnitten), 1 TL Dillspitzen (frisch geschnitten), 1 TL helle Sojasauce und 1 bis 2 TL Erdnussöl. Die wie oben vorbereiteten Garnelen in kleine Würfel schneiden. Das Zanderfilet waschen, trocken tupfen und ebenfalls in kleine Würfel schneiden. Garnelen und Zander zusammen nochmals mit einem großen Küchenmesser sehr fein hacken. Die Chiliflocken, die Gewürzmischung, den Koriander und den Dill unter die Garnelen-Fisch-Masse mischen und mit Sojasauce würzen. Um die Zimtrinden wickeln und wie beschrieben braten. Alternativ zu kleinen Pflanzerln formen und braten.

Gefüllte Spitzpaprika mit Feta

Zutaten für 4 Personen
2 rote Spitzpaprikaschoten
80 g kleine Champignons
150 g Fetakäse
40 g grüne Oliven (ohne Stein)
1 TL Öl
40 g Maiskörner (abgetropft; aus dem Glas)
50 g Kräuterbutter (aus dem Kühlregal)
schwarzer oder bunter Pfeffer aus der Mühle

1 Die Paprikaschoten der Länge nach halbieren, entkernen und waschen. Die Paprika in kochendem Salzwasser etwa 5 Minuten fast weich garen, abgießen und abtropfen lassen.

2 Die Champignons putzen und trocken abreiben, dann in 3 bis 4 mm dicke Scheiben oder in kleine Würfel schneiden. Den Feta in 1 cm große Würfel schneiden. Die Oliven halbieren.

3 Eine Grillpfanne bei mittlerer Temperatur erhitzen und das Öl mit einem Pinsel darin verstreichen. (Alternativ auf dem Grill arbeiten.) Champignons, Feta, Oliven und Mais in die Paprikahälften füllen, jeweils etwas Kräuterbutter daraufgeben und die Paprikaschoten in der Pfanne/auf dem Grill bei mittlerer Hitze mit geschlossenem Deckel/mit Alufolie bedeckt etwa 8 Minuten grillen. Zum Servieren etwas Pfeffer darübermahlen.

Grüner Spargel in Südtiroler Speck

Zutaten für 4 Personen
12 Stangen grüner Spargel
12 Scheiben Südtiroler Speck (ersatzweise Frühstücksspeck)
1 TL Öl

1 Die Spargelstangen waschen, nur im unteren Drittel schälen und die holzigen Enden entfernen. Jede Spargelstange in 1 Speckscheibe wickeln, dabei den Spargelkopf frei lassen.

2 Eine Grillpfanne bei mittlerer Temperatur erhitzen und das Öl mit einem Pinsel darin verstreichen. (Alternativ mit dem Grill arbeiten.) Den Spargel in der Pfanne rundum 6 bis 8 Minuten grillen.

Mein Tipp

Wenn Sie die Spargelstangen gut trocken tupfen und dann in die Speckscheiben wickeln, können Sie sie gekühlt mehrere Stunden aufbewahren, bevor sie gegrillt werden.

Zitronengras-Spieße mit Forelle

Zutaten für 6 Spieße

300 g Forellenfilet
1 EL Dillspitzen (frisch geschnitten)
¼ TL Fünf-Gewürze-Pulver
mildes Chilisalz
6 Stängel Zitronengras
1 TL Öl

1 Das Forellenfilet waschen, trocken tupfen und in kleine Würfel schneiden. Die Würfel mit einem großen Messer nochmals etwas durchhacken, bis eine formbare, bindende Masse entstanden ist. Die Forellenmasse in eine Schüssel geben, den Dill unterrühren und die Masse mit Fünf-Gewürze-Pulver und Chilisalz würzen.

2 Die Zitronengras-Stängel waschen, trocken tupfen und auf eine Länge von 12 bis 15 cm kürzen. Aus der Forellenmasse mit angefeuchteten Händen jeweils eine kleine Menge von 40 bis 50 g abnehmen und um 1 Zitronengras-Spieß zu langen Nocken formen.

3 Eine Grillpfanne bei mittlerer Temperatur erhitzen und das Öl mit einem Pinsel darin verstreichen. (Alternativ auf dem Grill arbeiten.) Die Spieße in der Pfanne rundum 6 bis 8 Minuten braten.

Mein Tipp

Nach Belieben können Sie die Forellenmasse mit 1 TL heller Sojasauce verfeinern. In diesem Fall die Salzmenge etwas reduzieren.
Als Dip zu den Spießen passt ein Kokos-Limetten-Dip sehr gut: Dafür 40 ml Kokosmilch, 40 ml Milch und ½ TL Dijon-Senf in einem hohen Rührbecher mit dem Stabmixer verrühren, dabei 120 ml Öl in einem dünnen Strahl einlaufen lassen. 2 TL Limettensaft und 1 TL abgeriebene unbehandelte Limettenschale untermischen und den Dip mit Salz und ½ TL Zucker abschmecken.

Frittierte Calamari mit Kräutermayonnaise

Zutaten für 4 Personen

Für die Mayonnaise (ohne Ei):
100 ml Milch
20 g Dijon-Senf
mildes Chilisalz
1 geriebene Knoblauchzehe
1 TL geriebener Ingwer
200 ml neutrales Öl
(z. B. Maiskeimöl)

Für die Kräutermayonnaise zusätzlich:
20 g Blattspinat
10 g Petersilienblätter
10 g gemischte Kräuterblätter (z. B. Basilikum, Dill, Kerbel, Minze)
Salz · Zucker
einige Tropfen Zitronensaft

Für die Calamari:
Fett zum Frittieren
1 kg Calamari (küchenfertig)
100 g doppelgriffiges Mehl (Wiener Grießler)
mildes Chilisalz (oder ein anderes Gewürzsalz; z. B. Lavendelsalz)

1 Für die Mayonnaise Milch, Senf, 1 Prise Chilisalz, Knoblauch und Ingwer in einen hohen Rührbecher geben. Mit dem Stabmixer einmal durchrühren, dann unter weiterem Mixen das Öl in einem dünnen Strahl langsam hinzufügen und so lange mixen, bis eine sämige Sauce entstanden ist.

2 Für die Kräutermayonnaise Spinat, Petersilie und Kräuter waschen und trocken schütteln. In Salzwasser etwa 1 Minute blanchieren, in ein Sieb abgießen, kalt abschrecken und abtropfen lassen. Das Wasser gut herausdrücken. Alle Kräuterblätter klein schneiden und unter die Mayonnaise mischen. Zuletzt mit 1 Prise Zucker und etwas Zitronensaft abschmecken.

3 Für die Calamari das Frittierfett in der Fritteuse oder einem großen Topf auf 180 °C erhitzen (siehe Tipp). Die Calamari waschen und vollständig trocken tupfen. Die Tentakel je nach Größe halbieren, die Tuben in Ringe schneiden. Die Calamari im Mehl wenden, in das Fett geben und etwa 2 Minuten hell backen. Mit dem Schaumlöffel herausheben, auf Küchenpapier abtropfen lassen und mit Chilisalz würzen.

4 Zum Servieren die frittierten Calamari nach Belieben in hübsche Pommestüten füllen und mit der Kräutermayonnaise und nach Belieben Zitronenschnitzen anrichten.

Mein Tipp

Das Frittierfett ist heiß genug, wenn sich an einem hineingehaltenen Holzlöffelstiel Blasen bilden. Anstatt der Kräutermayonnaise schmeckt auch eine Miso-Mayonnaise sehr gut zu den Calamari. Dazu 30 g helle Miso-Paste und 1 Spritzer helle Sojasauce zu Beginn mit in den Rührbecher geben und mit den anderen Mayonnaise-Zutaten mischen. Dann wie beschrieben mit dem Stabmixer verrühren und das Öl dabei nach und nach einlaufen lassen.

Fischnuggets mit rotem Paprikapesto

Zutaten für 4 Personen

Für das Paprikapesto:
2 rote Paprikaschoten
50 ml Gemüsebrühe
2 EL Mandelblättchen
je 1 TL Korianderkörner und Fenchelsamen für die Gewürzmühle
1 geh. EL getrocknete Tomaten (in Öl; klein geschnitten)
1 EL Tomatenketchup
½ TL geriebener Ingwer
1 EL geriebener Parmesan
Lavendelblüten
1 Knoblauchzehe
Salz · Pfeffer aus der Mühle
mildes Chilipulver
3 EL mildes Olivenöl

Für den Fisch:
500 g Fischfilet (z. B. Kabeljau, Rotbarsch, Zander) · 100 g Mehl
¼–½ TL mildes Currypulver
120 ml eiskaltes Wasser
75 ml eiskaltes Bier
1 EL Öl · mildes Chilisalz
Erdnussöl zum Frittieren

1 Für das Paprikapesto die Paprikaschoten längs vierteln, waschen und die Kerne entfernen. Die Viertel mit einem Sparschäler schälen und grob zerkleinern. Die Paprikastücke mit der Brühe in einen Topf geben, mit einem Blatt Backpapier bedecken und knapp unter dem Siedepunkt 10 bis 12 Minuten weich dünsten. In ein Sieb abgießen und abtropfen lassen, den Sud entfernen.

2 Die Mandeln in einer Pfanne ohne Fett bei mittlerer Hitze unter ständigem Rühren hell rösten, herausnehmen und abkühlen lassen. Die Korianderkörner und Fenchelsamen ebenfalls in einer Pfanne ohne Fett leicht rösten, bis sie anfangen fein zu duften, herausnehmen und abkühlen lassen. Dann in eine Gewürzmühle füllen.

3 Inzwischen Paprika, Trockentomaten, Mandeln, Ketchup, Ingwer, Parmesan und 1 Prise Lavendelblüten in den Blitzhacker oder Küchenmixer geben. Den Knoblauch schälen und fein dazureiben. Mit der Mischung aus der Gewürzmühle, Salz, Pfeffer und 1 Prise Chilipulver würzen. Das Olivenöl hinzufügen und alles zu einer Paste pürieren.

4 Für den Fisch das Fischfilet waschen, trocken tupfen und in 2 bis 3 cm große Stücke schneiden. Für den Ausbackteig das Mehl mit Currypulver mischen und mit Wasser, Bier und Öl verrühren, zuletzt mit etwas Chilisalz würzen.

5 Reichlich Öl in der Fritteuse oder einem großen Topf auf 170 bis 180 °C erhitzen (siehe Tipp S. 118). Die Fischstücke mit Chilisalz würzen, durch den Teig ziehen und im Öl 3 bis 4 Minuten ausbacken. Danach mit dem Schaumlöffel herausheben und auf Küchenpapier abtropfen lassen.

6 Zum Servieren die Fischnuggets mit Chilisalz würzen und das rote Paprikapesto dazu reichen.

Mein Tipp

Pesto und Backteig können ausgezeichnet vorbereitet werden und halten sich mindestens 1 Tag im Kühlschrank. Auch die Fischstücke können bereits einige Stunden zuvor geschnitten werden, ausbacken sollte man sie aber frisch.

Knusprige Hendlkeulen mit Süßkartoffelchips

Zutaten für 4 Personen
Für die Hendlkeulen:
4 Hähnchenkeulen (à ca. 200 g; mit Haut)
3–4 EL Öl
1 geh. TL Brathähnchen- oder Grillgewürz (siehe S. 134) · Salz

Für die Süßkartoffelchips:
Salz
½–1 TL mildes Currypulver
¼ TL milde Chiliflocken
3 große Süßkartoffeln (ca. 1 kg)
Fett zum Frittieren

Für die Tomaten-Mango-Salsa:
2 Tomaten · 1 reife Mango
1 Frühlingszwiebel (ersatzweise 1 fein gewürfelte Schalotte)
1 Spritzer Limettensaft
1–2 TL Olivenöl
1 EL Tomatenketchup
mildes Chilisalz

1 Für die Hendlkeulen den Backofen auf 160 °C vorheizen. Die Hähnchenkeulen waschen und trocken tupfen, nach Belieben am Gelenk in zwei Teile schneiden, auf ein mit Backpapier belegtes Backblech legen und im Ofen auf der mittleren Schiene 40 Minuten goldbraun braten. Dann die Backofentemperatur auf 220 °C erhöhen und die Hähnchenkeulen etwa 20 Minuten kross braten.

2 Inzwischen das Öl mit dem Brathähnchengewürz verrühren und die Hähnchenkeulen damit 2 bis 3 Minuten vor Ende der Garzeit bestreichen. Zum Servieren noch etwas salzen.

3 Währenddessen für die Chips 1 EL Salz mit Curry und Chiliflocken zu einem Currysalz mischen. Die Süßkartoffeln waschen, trocken tupfen und der Länge nach in dünne Scheiben hobeln.

4 Reichlich Fett in der Fritteuse oder einem großen Topf auf etwa 130 °C erhitzen. Die Süßkartoffelscheiben nach und nach hineingeben, umrühren und knusprig und goldgelb frittieren. Mit dem Schaumlöffel herausheben, auf Küchenpapier abtropfen lassen und mit Currysalz würzen.

5 Für die Tomaten-Mango-Salsa die Tomaten waschen und vierteln, dabei den Stielansatz und die Kerne entfernen. Die Viertel in Würfel schneiden. Die Mango auf die schmale Seite stellen, das Fruchtfleisch mit einem Gemüsemesser vom Stein schneiden, schälen und in 5 bis 8 mm große Würfel schneiden. Die Frühlingszwiebel putzen, waschen und in dünne Ringe schneiden. Mit Tomaten- und Mangowürfeln mischen, mit Limettensaft, Olivenöl und Ketchup marinieren und die Salsa mit Chilisalz würzen.

6 Zum Servieren die Hendlkeulen nach Belieben halbieren und mit den Süßkartoffelchips auf vorgewärmten Tellern anrichten. Die Tomaten-Mango-Salsa dazu reichen.

Mein Tipp

Wer mag, kann anstatt der ganzen Hähnchenkeulen auch nur die Hendl-Unterkeulen zubereiten. Die Salsa lässt sich bereits einige Stunden im Voraus herstellen, sie sollte jedoch noch am selben Tag verzehrt werden. Auch die Chips kann man vorfrittieren – trocken und eher warm gelagert, bleiben sie bis zum Servieren knusprig.

Filetsteaks mit Kartoffelgratin

Zutaten für 4 Personen

Für das Kartoffelgratin:
1 EL Butter für die Form
1 kg vorwiegend festkochende Kartoffeln
400 g Sahne
1 kleine Knoblauchzehe (gehackt)
1 TL Thymianblättchen (fein geschnitten)
Salz · Pfeffer aus der Mühle
frisch geriebene Muskatnuss

Für den Salat:
60 ml Gemüsebrühe
1–2 EL Weißweinessig
½ TL Dijon-Senf
1–2 EL mildes Olivenöl
mildes Chilisalz · Zucker
250 g kleine bunte Salatblätter
4 Radieschen
4 kleine geschlossene Champignons
1 EL gemischte Kräuterblätter
(z. B. Dill, etwas Minze, Petersilie, Schnittlauch; frisch geschnitten)

Für die Steaks:
½ TL Öl
8 Rinderfiletsteaks (à ca. 70–80 g; ca. 1 cm dick)
100 ml Hühnerbrühe
1 TL Steakgewürz (oder Grillgewürz, siehe S. 134)
40 g kalte Butter · mildes Chilisalz

1 Für das Kartoffelgratin den Backofen auf 180 °C vorheizen. Eine ofenfeste Form oder Portionsförmchen mit Butter einfetten. Die Kartoffeln schälen, waschen und in 2 mm dicke Scheiben hobeln. Die Kartoffelscheiben mit der Sahne, dem Knoblauch und dem Thymian mischen und mit Salz, Pfeffer und etwas Muskatnuss würzen. Die Kartoffelmischung in die Form oder die Förmchen füllen und im Ofen auf der mittleren Schiene etwa 40 Minuten goldbraun backen.

2 Für den Salat die Brühe mit Essig, Senf und Olivenöl verrühren und mit Chilisalz und 1 Prise Zucker würzen. Die Salatblätter putzen, waschen und trocken schleudern. Die Radieschen putzen, waschen und in Scheiben hobeln. Die Pilze putzen, trocken abreiben und in Scheiben hobeln. Den Blattsalat mit Radieschen, Champignons und Kräutern mischen.

3 Für die Steaks eine Pfanne bei mittlerer Temperatur erhitzen und das Öl mit einem Pinsel darin verstreichen. Die Steaks darin anbraten, bis nach 1 bis 2 Minuten Fleischsaftperlen austreten. Dann die Filetscheiben wenden und weiterbraten, bis darauf erneut Fleischsaftperlen austreten.

4 Die Steaks aus der Pfanne nehmen und beiseitestellen. Den Bratsatz mit Brühe ablöschen, das Steakgewürz hinzufügen und die Pfanne vom Herd nehmen. Die kalte Butter hineinrühren und die Sauce bei Bedarf noch mit etwas Chilisalz würzen. Die Steakscheiben in der Sauce wenden und warm halten.

5 Zum Servieren die Salatzutaten mit dem Dressing mischen und auf vorgewärmte Teller verteilen. Die Steaks dazusetzen und das Kartoffelgratin dazu reichen.

Mein Tipp

Nach Belieben kann das Gratin vor dem Backen noch mit 100 g geriebenem Bergkäse bestreut werden.

Pflanzerlburger mit Zwiebelsenf

1 Für den Zwiebelsenf die Zwiebel schälen und in feine Würfel schneiden. Die Zwiebelwürfel in einer kleinen Schüssel mit dem scharfen und dem süßen Senf verrühren. Nach Belieben noch 1 EL Joghurt oder saure Sahne unterrühren.

2 Für die Pflanzerl das Toastbrot in Würfel schneiden und in einer Schüssel in der Milch einweichen. Die Zwiebel schälen und in feine Würfel schneiden. Die Zwiebelwürfel in einer Pfanne mit 100 ml Wasser weich garen, bis die Flüssigkeit eingekocht ist. Anschließend den Ingwer hinzufügen.

3 Das Ei mit dem Senf, etwas Salz und Pfeffer, Chilisalz, 1 Prise Muskatnuss und der Zitronenschale verquirlen. Beide Hackfleischsorten mit dem eingeweichten Brot, dem verquirlten Ei, den Zwiebelwürfeln, 1 Prise Majoran und der Petersilie mischen.

4 Aus der Hackfleischmasse mit angefeuchteten Händen 4 große Fleischpflanzerl (Frikadellen) formen. Etwas Öl in einer Pfanne erhitzen und die Pflanzerl darin bei milder Hitze auf beiden Seiten goldbraun und durchbraten. Herausnehmen und auf Küchenpapier abtropfen lassen.

5 Die Tomate waschen und in dünne Scheiben schneiden, dabei den Stielansatz entfernen. Die Salatgurke schälen, längs halbieren und in dünne Scheiben schneiden. Die Salatblätter waschen und trocken schleudern.

6 Die Laugenbrötchen waagerecht aufschneiden und die Schnittflächen in einer unbeschichteten Pfanne ohne Fett leicht anrösten. Die Unterseiten der Brötchen jeweils mit Salatblättern, Tomaten- und Gurkenscheiben belegen und je 1 Pflanzerl daraufsetzen. Den Zwiebelsenf darüberträufeln und zuletzt die Oberseite der Brötchen auflegen.

Zutaten für 4 Personen

Für den Zwiebelsenf:
1 Zwiebel
4 EL scharfer Senf
2 EL süßer Senf

Für die Pflanzerl:
60 g Toastbrot · 60 ml Milch
¼ Zwiebel
1 Msp. geriebener Ingwer
1 großes Ei · 1 TL scharfer Senf
Salz · Pfeffer aus der Mühle
mildes Chilisalz
frisch geriebene Muskatnuss
abgeriebene Schale von ½ unbehandelten Zitrone
200 g Kalbshackfleisch
200 g Schweinehackfleisch
getrockneter Majoran
1 EL Petersilienblätter
(frisch geschnitten)
Öl zum Braten

Außerdem:
1 große Tomate
ca. 80 g Salatgurke
4 Kopfsalatblätter
4 Laugenbrötchen (wahlweise eine andere Brötchensorte)

Gegrillte Weißwürste auf Chili-Rahm-Kraut

Zutaten für 4 Personen

Für das Chili-Rahm-Kraut:
400 g Sauerkraut (aus der Dose)
½ Zwiebel · 1 TL Puderzucker
50 ml Weißwein
150 ml Gemüsebrühe
1 Lorbeerblatt
je ½ TL Wacholderbeeren,
Koriander-, schwarze
Pfeffer- und Pimentkörner
1–2 EL Apfelmus · 3 EL Sahne
Salz
½ TL milde Chiliflocken
mildes Currypulver
Zucker · 20 g kalte Butter

Für die Weißwürste:
4 Weißwürste
1 TL Öl

1 Für das Chili-Rahm-Kraut das Sauerkraut in einem Sieb unter kaltem Wasser kurz abbrausen und das Wasser gut herausdrücken. Die Zwiebel schälen und in feine Würfel schneiden.

2 Den Puderzucker in einen Topf stäuben, bei milder Hitze hell karamellisieren und die Zwiebel darin andünsten. Mit Wein ablöschen und diesen auf ein Drittel einkochen lassen. Dann die Brühe dazugießen, das Sauerkraut dazugeben und alles erhitzen.

3 Lorbeerblatt, Wacholderbeeren, Koriander-, Pfeffer- und Pimentkörner in ein Gewürzsäckchen füllen, das Säckchen verschließen und zum Kraut geben. Das Sauerkraut mit einem Blatt Backpapier bedecken und etwa 30 Minuten köcheln lassen.

4 Nach dem Garen das Gewürzsäckchen wieder entfernen und Apfelmus und Sahne untermischen. Das Rahmkraut mit Salz, Chiliflocken sowie je 1 Prise Currypulver und Zucker würzen. Zuletzt die kalte Butter unterrühren.

5 Für die Weißwürste die Haut der Weißwürste auf beiden Seiten im Abstand von etwa 1 cm schräg einschneiden. Eine Grillpfanne bei mittlerer Temperatur erhitzen und das Öl mit einem Pinsel darin verstreichen. (Alternativ auf dem Grill arbeiten.) Die Weißwürste in der Pfanne bei milder Hitze auf beiden Seiten knusprig braun grillen.

6 Zum Servieren die gegrillten Weißwürste mit dem Chili-Rahm-Kraut auf vorgewärmten Tellern anrichten.

Mein Tipp

Durch das Einschneiden der Weißwürste verhindert man, dass diese beim Grillen aufplatzen. Anstelle von Weißwürsten können Sie auch Rostbratwürstchen oder Schweinswürstchen grillen und mit dem Chili-Rahm-Kraut servieren.

Chili-Rahm-Kraut kann sehr gut auf Vorrat gekocht werden und hält sich gut bedeckt bis zu 2 Tage im Kühlschrank.

Gegrillte Ribeye-Steaks

Zutaten für 4 Personen
½–1 TL Öl
4 Ribeye-Steaks (à ca. 350 g; ersatzweise Entrecôtes)
mildes Chilisalz

1 Eine Grillpfanne bei mittlerer Hitze erwärmen, mit Öl einpinseln und die Steaks darin bei milder Hitze auf beiden Seiten je etwa 5 Minuten garen. (Alternativ mit dem Grill arbeiten.) Die Pfanne vom Herd nehmen und die Steaks bei milder Hitze noch wenige Minuten nachziehen lassen. Zum Servieren mit Chilisalz würzen und nach Belieben in einer Gewürzbuttermischung (siehe S. 112) wenden.

Glasierter Schweinenacken mit Kartoffelecken

Zutaten für 4 Personen

Für den Schweinenacken:
1 TL Öl
2 Schweinenackensteaks (à ca. 400 g, 3–4 cm dick)

Für die Glasage:
1 gestr. TL Speisestärke
2 EL Ahornsirup
1 EL Sake (ersatzweise Sherry)
2 EL helle Sojasauce
je 1 Msp. geriebener Knoblauch und Ingwer

Für die Barbecue-Sauce:
350 ml Hühnerbrühe
2 EL Tomatenketchup
1 TL Dijon-Senf
6 EL Ahornsirup

1 Für den Schweinenacken den Backofen auf 100 °C vorheizen. Auf die mittlere Schiene ein Ofengitter und darunter ein Abtropfblech schieben. Eine Pfanne bei mittlerer Temperatur erhitzen und das Öl mit einem Pinsel darin verstreichen. Die Schweinenackensteaks in der Pfanne rundum anbraten, auf das Ofengitter setzen und im Ofen etwa 50 Minuten rosa garen.

2 Für die Glasage die Speisestärke mit 1 EL kaltem Wasser glatt rühren. 2 EL Wasser, Ahornsirup, Sake und Sojasauce in einem kleinen Topf aufkochen. Knoblauch und Ingwer dazugeben. Die Glasage mit der angerührte Speisestärke binden, kurz köcheln lassen und vom Herd nehmen. Die Schweinenackensteaks am Ende der Garzeit mit der Glasage bestreichen.

3 Für die Barbecue-Sauce die Brühe in einem Topf mit Ketchup, Senf und Ahornsirup verrühren. Beide Paprikapulver, Chiliflocken, Essig, Knoblauch, Ingwer, Kaffeepulver, Salz und Currypulver hinzufügen und alles aufkochen. Die Stärke in 2 bis 3 EL kaltem Wasser glatt rühren, in die Sauce geben und köcheln lassen, bis diese sämig bindet. Dann die Vanilleschote hinzufügen, 1 bis 2 Minuten darin ziehen lassen und wieder entfernen. Die Barbecue-Sauce vom Herd nehmen und abkühlen lassen.

4 Für das Gemüse die Frühlingszwiebeln putzen, waschen und schräg halbieren. Die Pilze putzen, trocken abreiben und in einzelne kleine Pilze zerteilen. Frühlingszwiebeln mit Chili und Brühe in einen Topf geben, mit einem Blatt Backpapier bedecken und knapp unter dem Siedepunkt 4 bis 5 Minuten ziehen lassen. Pilze, Vanille und Zimt dazugeben und darin erhitzen. Die kalte Butter hinzufügen und das Gemüse zuletzt mit Salz würzen, gegebenenfalls warm halten. Chili, Vanille und Zimt wieder herausnehmen.

5 Für die Kartoffelecken die Kartoffeln mit der Schale in Salzwasser gerade weich garen. Abgießen, kurz ausdampfen lassen und in Spalten schneiden. Eine Pfanne bei mittlerer Temperatur erhitzen und das Öl mit einem Pinsel darin verstreichen. Die Kartoffeln goldbraun anbraten und mit Salz, Pfeffer, Chilisalz, Kümmel und Majoran würzen.

6 Zum Servieren die Steaks schräg in Scheiben schneiden, auf vorgewärmten Tellern anrichten und mit dem Gemüse garnieren. Die Barbecue-Sauce in kleinen Schälchen danebensetzen und die Kartoffelecken dazu reichen (Foto siehe S. 102/103).

Mein Tipp

Damit die Kartoffelecken auch ein echter »Hingucker« sind, sollten Sie dafür möglichst gleich große und schön geformte Kartoffeln aussuchen.

2 TL Paprikapulver (edelsüß)
1 TL Räucherpaprikapulver (Piment de la Vera picante)
1 TL milde Chiliflocken
1 EL Weißweinessig
2 TL gehackter Knoblauch
1 TL gehackter Ingwer
2 Prisen Instant-Kaffeepulver
1 schwach geh. TL Salz
1 EL mildes Currypulver
1 geh. EL Speisestärke
1 Stück Vanilleschote (ca. 3 cm)

Für das Gemüse:
6 dünne Frühlingszwiebeln
80 g Pioppini-Pilze (ersatzweise ähnliche kleine Pilze oder Champignons)
4 kleine frische rote Chilischoten
50 ml Gemüsebrühe
1 ausgekratzte Vanilleschote
4 große Splitter Zimtrinde
1 TL kalte Butter · Salz

Für die Kartoffelecken:
1 kg festkochende Kartoffeln · Salz
1–2 TL Öl · Pfeffer aus der Mühle
mildes Chilisalz
gemahlener Kümmel
getrockneter Majoran

Nürnberger Krautwickerl

Zutaten für 4 Personen
6 große Weißkohlblätter
Salz
100 g Kalbsbrät
12 Nürnberger Rostbratwürstel
1 TL Öl

1 Von den Weißkohlblättern die dicken Blattrippen entfernen und die Blätter in kochendem Salzwasser 4 bis 5 Minuten fast weich garen. Die Kohlblätter in ein Sieb abgießen, kalt abschrecken und gut abtropfen lassen.

2 Jedes Kohlblatt zwischen zwei saubere Küchentücher legen und mit dem Nudelholz flach und trocken rollen. Aus jedem Blatt 2 Quadrate (à etwa 9 x 9 cm) schneiden, mit wenig Kalbsbrät bestreichen und je 1 Würstchen darin einwickeln. Dazu die Würstchen längs auf das Brät legen, die Enden der Kohlblätter seitlich einschlagen und die Würstchen vollständig einrollen. Nach Belieben je 3 bis 4 Wickerl auf einen Metallspieß stecken.

3 Eine Grillpfanne bei mittlerer Temperatur erhitzen und das Öl mit einem Pinsel darin verstreichen. (Alternativ mit einem Grill arbeiten.) Die Krautwickerl in der Pfanne auf beiden Seiten etwa 6 Minuten grillen, dabei zuerst auf der Naht grillen und anschließend wenden. Nach Belieben mit Chiliflocken und Kümmel würzen.

Mein Tipp

Das Flachrollen der Weißkohlblätter hat einen großen Vorteil: Dabei brechen die Fasern ein wenig, und die Blätter lassen sich anschließend besser zu Röllchen wickeln. Die rohen Krautwickerl halten sich mehrere Stunden im Kühlschrank.

Chili con Carne mit Zucchini und Paprika

Zutaten für 4 Personen

1 große Zwiebel · 1–2 TL Öl
600 g grobes Rinderhackfleisch
2 EL Tomatenmark
1–2 EL Tomatenketchup
800 ml Hühnerbrühe
1 Lorbeerblatt
1 Knoblauchzehe
1 Scheibe Ingwer
1 frische rote Chilischote
je ½ TL Kreuzkümmelsamen und Korianderkörner
½ TL Paprikapulver (edelsüß)
1 TL abgeriebene unbehandelte Zitronenschale
1 EL Olivenöl
150 g Maiskörner (aus der Dose)
200 g Kidneybohnen (aus der Dose)
1 rote Paprikaschote
150 g Zucchini · Salz
200 g stückige Tomaten (aus der Dose)
2 EL Petersilienblätter (frisch geschnitten)

1 Die Zwiebel schälen und in feine Würfel schneiden. Das Öl in einem großen Topf erhitzen und die Zwiebelwürfel darin bei mittlerer Hitze andünsten. Das Hackfleisch dazugeben und unter gelegentlichem Rühren krümelig braten.

2 Das Tomatenmark und das Ketchup unterrühren und kurz anrösten. Die Brühe dazugießen und alles mit geschlossenem Deckel bei milder Hitze etwa 1 Stunde leicht köcheln lassen. Nach etwa 45 Minuten Garzeit das Lorbeerblatt hinzufügen. Inzwischen den Mais auftauen lassen.

3 Den Knoblauch und den Ingwer schälen und fein reiben. Die Chilischote längs halbieren, entkernen, waschen und ebenfalls klein schneiden. Knoblauch, Ingwer und Chili mit Kreuzkümmel, Korianderkörnern, Paprikapulver und Zitronenschale sowie Olivenöl im Mörser zu einer Paste verarbeiten.

4 Den Mais und die Bohnen in ein Sieb abgießen, kalt abbrausen und abtropfen lassen. Die Paprikaschote längs halbieren, entkernen und waschen. Die Paprikahälften mit dem Sparschäler schälen und in Würfel schneiden. Zucchini putzen, waschen und in ½ cm große Würfel schneiden.

5 Das Chili mit Salz und der Gewürzpaste aus dem Mörser würzen. Mais, Bohnen, Paprika, Zucchini und Dosentomaten hinzufügen und das Chili bei milder Hitze weitere 5 Minuten ziehen lassen.

6 Zum Servieren das Chili con Carne auf vorgewärmte tiefe Teller oder Schälchen verteilen und mit der Petersilie bestreuen. Nach Belieben noch jeweils 1 EL saure Sahne daraufsetzen.

Mein Tipp

Chili con Carne ist ein echter »Partyrenner«, denn es ist schnell und einfach vorbereitet und schmeckt auch aufgewärmt am nächsten Tag noch immer sehr gut. Von der Gewürzpaste empfiehlt es sich, eine größere Menge zu mischen, denn sie hält sich im Kühlschrank mehrere Tage und kann jederzeit zum Nachwürzen verwendet werden. Zum Chili reichen Sie am besten Tacos, Weißbrot, Fladenbrot oder Kartoffeln.

Würstelgulasch mit Kartoffeln

1 Die Kartoffeln schälen, waschen und in etwa 2 ½ cm große Würfel schneiden. Den Knoblauch schälen und halbieren.

2 Die Kartoffelwürfel in einem Topf in Salzwasser mit dem Lorbeerblatt, der Chilischote und dem halbierten Knoblauch und knapp unter dem Siedepunkt etwa 30 Minuten weich garen. Die Kartoffeln in ein Sieb abgießen und gut abtropfen lassen, die ganzen Gewürze entfernen.

3 Für die Sauce die Zwiebel schälen und in etwa 2 cm große Rauten schneiden. Die Paprikaschoten längs halbieren, entkernen und waschen. Die Paprikahälften mit dem Sparschäler schälen und in Rauten schneiden. Die Brühe in einem Topf zum Kochen bringen, die Zwiebel- und Paprikarauten hineingeben und knapp unter dem Siedepunkt 15 bis 20 Minuten weich garen.

4 Ein Drittel des Gemüses mit dem Schaumlöffel herausnehmen und beiseitestellen. Das restliche Gemüse mit der Brühe, einigen gegarten Kartoffelwürfeln und dem Olivenöl mit dem Stabmixer pürieren.

5 Für das Gulaschgewürz den Knoblauch schälen und in feine Würfel schneiden. Den Kümmel, den Majoran und die Zitronenschale untermischen. Beide Paprikapulversorten mit etwas Wasser glatt rühren.

6 Die Gulaschsauce mit der Hälfte des Gulaschgewürzes würzen und das angerührte Paprikapulver untermischen. Die Sauce wenige Minuten ziehen lassen und mit Salz und Pfeffer würzen. Die Wiener Würstchen und die Debrecziner in etwa 1 cm breite Scheiben schneiden.

7 Das beiseitegestellte Paprika-Zwiebel-Gemüse und die Kartoffelwürfel mit den Würstchenscheiben unter die Sauce rühren und darin erhitzen. Das Würstelgulasch mit Chilisalz und nach Belieben mit etwas Gulaschgewürz abschmecken (Aufbewahrung übriges Gulaschgewürz siehe Tipp S. 107). Zuletzt die Petersilie unterrühren und das Gulasch in vorgewärmten tiefen Tellern servieren.

Zutaten für 4 Personen

Für das Würstelgulasch:
800 g vorwiegend festkochende Kartoffeln
1 Knoblauchzehe
Salz
1 Lorbeerblatt
1 getrocknete rote Chilischote
1 Zwiebel
3 rote Paprikaschoten
½ l Gemüsebrühe
2 EL mildes Olivenöl
1 gestr. TL Paprikapulver (edelsüß)
1 gestr. TL Räucherpaprikapulver (Piment de la Vera picante)
Pfeffer aus der Mühle
4 Wiener Würstchen
4 Debrecziner
mildes Chilisalz
1–2 EL Petersilienblätter (frisch geschnitten)

Für das Gulaschgewürz:
1 Knoblauchzehe
je 1 TL gemahlener Kümmel und getrockneter Majoran
½ TL abgeriebene unbehandelte Zitronenschale

Filetspieße vom Schwein

Zutaten für 4 Personen
1 Schweinefilet (ca. 350 g)
½ rote Paprikaschote
4 Frühlingszwiebeln
2 Scheiben frische Ananas
(à ca. 1 cm dick; ersatzweise Apfel- oder Birnenspalten)
1 TL Öl
Grillgewürz (siehe Tipp)
mildes Chilisalz

1 Das Schweinefilet von Häuten und Sehnen befreien und in 12 gleich große Scheiben schneiden. Acht Holzspieße etwa 30 Minuten in Wasser einlegen.

2 Die Paprikaschote entkernen, waschen und in etwa 2 cm große Stücke schneiden. Die Frühlingszwiebeln putzen und waschen, die hohlen Teile entfernen (anderweitig verwenden). Die festen Teile in etwa 3 cm lange Stücke schneiden. Die Ananasscheiben vierteln, schälen und den harten Strunk entfernen.

3 Die Filetscheiben abwechselnd mit Paprika, Frühlingszwiebeln und Ananasstücken auf Spieße stecken. Die Filetscheiben dabei flach bzw. liegend aufstecken.

4 Eine Grillpfanne bei mittlerer Temperatur erhitzen und das Öl mit einem Pinsel darin verstreichen. (Alternativ mit dem Grill arbeiten.) Die Filetspieße in der Pfanne rundum etwa 8 Minuten braten. Gegen Ende mit dem Grillgewürz bestreuen und zum Servieren mit Chilisalz würzen. Nach Belieben mit etwas Olivenöl beträufeln.

Mein Tipp

Eben nur ein selbst gemachtes Grillgewürz ist einzigartig im Geschmack! Die folgende Mischung kann ich wärmstens empfehlen:
Je 1 TL grob gemahlenen schwarzen Pfeffer, gemahlene Kurkuma, gemahlenen Ingwer, Knoblauchpulver, getrockneten Oregano und geräuchertes Paprikapulver mit je ½ TL gemahlenem Koriander, gemahlenem Kreuzkümmel, Zimtpulver und fein gemahlenen Kaffeebohnen mischen.

Kokos-Panna-cotta mit Ananas und Erdbeeren

Zutaten für 4 Förmchen (à ca. 150 ml Inhalt)

Für die Kokos-Panna-cotta:
3 Blatt Gelatine
300 ml Kokosmilch
Mark von 1 Vanilleschote
45 g Zucker
150 g Sahne

Für die Ananas und die Erdbeeren:
½ Ananas
100 ml Ananassaft
50 g brauner Zucker
20 g Butter (in kleinen Stücken)
1 Vanilleschote
1 Stück Zimtrinde (ca. 4 cm)
1 Sternanis
150 g Erdbeeren
1 EL Puderzucker
1 TL Orangenlikör (z. B. Grand Marnier)

1 Für die Kokos-Panna-cotta die Gelatine in kaltem Wasser einweichen. Die Kokosmilch mit dem Vanillemark und dem Zucker in einem Topf aufkochen und vom Herd nehmen. Die Gelatine gut ausdrücken, in der heißen Kokosmilch auflösen und abkühlen lassen, bis die Flüssigkeit zu gelieren beginnt (gegebenenfalls 5 bis 10 Minuten in den Kühlschrank stellen).

2 Die Sahne halbsteif schlagen und unter die leicht gelierte Kokosmilch heben. Die Masse in die Förmchen füllen und im Kühlschrank mindestens 2 Stunden durchkühlen lassen.

3 Für die Ananas den Backofen auf 175 °C vorheizen. Die Ananas längs halbieren und so schälen, dass die »Augen« weitgehend mitentfernt werden. Die Reste der Augen mit einem spitzen Messer herausschneiden. Den harten Strunk ebenfalls entfernen. Das Fruchtfleisch in 1 cm dicke Scheiben, diese in etwa 2 cm große Stücke schneiden und in einer ofenfesten Form verteilen. Mit dem Ananassaft beträufeln und mit dem braunen Zucker und den Butterstücken bestreuen.

4 Die Vanilleschote längs und quer halbieren, den Zimt leicht zerbröckeln. Vanille, Zimt und Sternanis auf den Ananasstücken verteilen und diese im Ofen auf der mittleren Schiene etwa 20 Minuten schmoren. Dabei die Ananasstücke immer wieder mit dem würzigen Schmorsud beträufeln.

5 Inzwischen die Erdbeeren waschen, putzen, trocken tupfen und vierteln. Mit Puderzucker und Orangenlikör mischen.

6 Zum Servieren die Kokos-Panna-cotta auf Dessertteller stürzen (siehe Tipp S. 100), die warmen Ananasstücke darum herumsetzen und mit etwas Schmorsud beträufeln. Die marinierten Erdbeeren dazulegen und alles nach Belieben mit Minze garnieren.

Mein Tipp

Außerhalb der Erdbeersaison verwenden Sie für dieses Dessert einfach andere Beeren oder exotische Früchte bzw. Fruchtzubereitungen.

Vanilleparfait

1 Die Eigelbe und das Ei mit 20 g Zucker und dem Vanillemark in eine Metallschüssel geben. Mit den Quirlen des Handrührgeräts oder einem feinmaschigen Schneebesen hellschaumig schlagen.

2 Den restlichen Zucker mit 25 ml Wasser in einem kleinen Topf so lange köcheln lassen, bis der Sirup klar ist. Den heißen Sirup unter ständigem Rühren in die Eigelbmasse laufen lassen.

3 In einem kleinen Topf etwas Wasser zum Kochen bringen. Die Metallschüssel daraufstellen und die Masse im heißen Wasserbad weiterschlagen, bis sie dickschaumig und maximal 75 bis 78 °C (Thermometer) heiß ist.

4 Danach die Schüssel sofort in ein kaltes Wasserbad oder auf Eiswasser stellen und so lange weiterschlagen, bis die Masse kalt ist. Die Sahne cremig aufschlagen. Ein Drittel der Schlagsahne mit dem Schneebesen unter die Eigelbcreme rühren, die übrige Sahne mit dem Teigspatel unterheben.

5 Die Masse in eine gefrierfeste Form füllen, mit Frischhaltefolie zudecken und 4 bis 5 Stunden, je nach Größe der Form, im Tiefkühlfach durchfrieren lassen.

Zutaten für 4 Personen
2 Eigelb
1 Ei
60 g Zucker
Mark von 1 Vanilleschote
200 g Sahne

Mein Tipp

FÜR EINEN GEEISTEN KAISERSCHMARREN *die Masse mit etwas abgeriebener unbehandelter Zitronenschale und braunem Rum würzen. Dann etwa 1 cm hoch in eine mit Backpapier ausgekleidete gefrierfeste Form füllen, mit Rumrosinen (siehe Tipp S. 38) bestreuen und tiefkühlen. Nach dem Tiefkühlen die Parfait-Platte mit geschmolzener Milchschokolade, die mit etwas Öl verrührt ist, bestreichen, nochmals kurz einfrieren und zum Servieren in kaiserschmarrenartige Stücke brechen.*

FÜR EIN RUMTOPF-PARFAIT *unter die Grundmasse etwas Rumtopf (siehe S. 66) rühren. Damit die Fruchtstücke nicht absinken, in die warme Grundmasse vor dem Kaltschlagen ½ Blatt eingeweichte Gelatine rühren und die Masse vor dem Unterheben der Sahne so weit kühlen, dass die Masse leicht geliert und die Fruchtstücke getragen werden.*

FÜR EIN ORANGEN-KROKANT-PARFAIT *die abgeriebene Schale von 1 unbehandelten Orange und 75 g Mandelkrokant (siehe S. 99) unter die Grundmasse rühren.*

Trüffelkuchen mit Birnen und Cranberrygelee

Zutaten für 1 Blech (ca. 30 Stück)

Für die Trüffelsahne:
100 g Zartbitterkuvertüre
(mind. 75 % Kakaoanteil)
800 g Sahne
100 g dunkle Trüffel (z. B. Rum- oder Nugattrüffel; ersatzweise Nugatschokolade)
Salz
je 1 EL Orangenlikör (z. B. Grand Marnier) und Mandellikör
(z. B. Amaretto)

Für den Kuchenboden:
200 g Marzipanrohmasse
6 Eigelb · 1 TL Vanillezucker
1 Msp. Zimtpulver
50 g Zartbitterkuvertüre (mind. 75 % Kakaoanteil)
80 g Mehl
60 g gemahlene Haselnüsse
50 g Krokant (nach Belieben aus Haselnüssen oder Mandeln)
6 Eiweiß · Salz
90 g Zucker

Für den Belag:
1 große Dose Birnenhälften
(450 g Abtropfgewicht)
ca. 700 ml Cranberrysaft
4 Päckchen roter Tortenguss
50 g Zucker

Außerdem:
Butter und Mehl für das Blech
50 g weiße Kuvertüre

1 Am Vortag für die Trüffelsahne die Kuvertüre klein hacken. Die Sahne aufkochen und vom Herd nehmen. Die Kuvertüre und Trüffel mit 1 Prise Salz in die heiße Sahne rühren und alles mit dem Stabmixer ½ bis 1 Minute durchrühren. Abkühlen lassen und zugedeckt über Nacht in den Kühlschrank stellen.

2 Am nächsten Tag beide Liköre unter die Schokosahne rühren und mit den Quirlen des Handrührgeräts oder in der Küchenmaschine cremig aufschlagen. (Achtung, sie wird dabei relativ schnell fest!)

3 Für den Kuchenboden den Backofen auf 180 °C vorheizen. Ein tiefes Backblech mit Butter einfetten und mit Mehl bestäuben. Das Marzipan zerkleinern und in einer Rührschüssel mit Eigelben, Vanillezucker und Zimt hellschaumig schlagen. Die Kuvertüre klein hacken und mit Mehl, Haselnüssen und Krokant mischen.

4 Die Eiweiße mit 1 Prise Salz und dem Zucker zu einem cremigen Schnee schlagen, den Zucker dabei nach und nach einrieseln lassen. Eischnee mit Marzipanmasse mischen und die Mehl-Nuss-Mischung mit einem Teigspatel unterheben. Die Kuchenmasse gleichmäßig auf dem Backblech verteilen und im Ofen im unteren Drittel 20 bis 25 Minuten goldbraun backen. Herausnehmen und abkühlen lassen.

5 Für den Belag die Birnen auf einem Sieb abtropfen lassen, den Saft auffangen. Die Birnen jeweils in 6 Spalten schneiden und den abgekühlten Boden damit belegen. Den Birnensaft in einem Topf mit dem Cranberrysaft auf 1 l auffüllen. Den Tortenguss mit Zucker mischen und in den Saft rühren. Das Ganze unter Rühren kurz aufkochen lassen, dann den Guss mit einem Löffel gleichmäßig über die Birnen verteilen. Alles etwa 30 Minuten fest werden lassen.

6 Die Trüffelsahne gleichmäßig auf dem Kuchen verstreichen, dabei kleine Wellen oder Spitzen ziehen. Die weiße Kuvertüre mit dem Sparschäler darüberhobeln. Den Trüffelkuchen bis zum Servieren kühl stellen und anschließend in Stücke schneiden.

Mein Tipp

Anstelle von Zimt können Sie den Kuchenteig auch einmal mit der gleichen Menge Lebkuchengewürz verfeinern.

Festliche Stunden zu zweit

Hummersalat mit Cocktailsauce

Zutaten für 2 Personen

Für den Hummer:
Salz · ½ TL Kümmelsamen
1–2 EL braune Butter (siehe S. 112)
1 Hummer (ca. 700 g)
einige Zimtsplitter
1 Stück Vanilleschote (1–2 cm)
2 angedrückte Kardamomkapseln
2–3 kleine Estragonblätter
mildes Chilisalz

Für die Cocktailsauce:
1 Eigelb · ¼ TL scharfer Senf
1 EL Orangensaft
je 1 kleine Msp. geriebener Knoblauch, Ingwer und abgeriebene unbehandelte Limettenschale
½–1 TL Cognac
1 TL Tomatenketchup
¼–½ TL Sahnemeerrettich
75 ml neutrales Öl
(z. B. Maiskeimöl)
Salz · mildes Chilipulver

Für den Salat:
½ Mini-Romanasalat
50 g Castelfranco-Salat
(ersatzweise Radicchio)
1 Handvoll Feldsalat
1 TL Limettensaft
1 TL mildes Olivenöl
mildes Chilisalz · Zucker
je ½ Handvoll Dillspitzen und Kerbelblätter

1 Für den Hummer reichlich Wasser in einem großen Topf zum Kochen bringen, Salz und Kümmel hinzufügen. Den Hummer kopfüber hineingeben und 3 Minuten kochen. Den Topf vom Herd nehmen und die Temperatur durch Zugabe von kaltem Wasser auf 60 bis 70 °C (Thermometer) senken. Den Topf wieder auf den Herd stellen und den Hummer bei milder Hitze 7 bis 8 Minuten ziehen lassen – dadurch wird er schön glasig, bleibt saftig und lässt sich nochmals erhitzen.

2 Den Hummer aus dem Topf nehmen und den Schwanz durch eine gegenläufige Drehbewegung mit den Händen vom Körper brechen. Den Panzer von unten aufbrechen und das Schwanzfleisch im Ganzen auslösen. Zuletzt die Scheren jeweils mit einer Drehbewegung vom Körper abbrechen und das Fleisch herauslösen. Die Hummerschere dazu mit einer Küchenschere aufschneiden.

3 Für die Cocktailsauce Eigelb, Senf, Orangensaft, Knoblauch, Ingwer, Limettenschale und Cognac mit Ketchup und Sahnemeerrettich in einen hohen Rührbecher geben. Zuletzt das Öl hineingießen. Einen Stabmixer hineinstellen und am Becherboden beginnend mixen, dann langsam nach oben ziehen, bis die ganze Sauce gebunden ist. Mit Salz und 1 Prise Chilipulver abschmecken.

4 Für den Salat die Blattsalate putzen, waschen und trocken schleudern. Die Blätter bei Bedarf in mundgerechte Stücke zupfen. Den Salat in einer Schüssel mit Limettensaft und Olivenöl beträufeln, mit Chilisalz und 1 Prise Zucker würzen und gut mischen.

5 Das Hummerfleisch in 2 bis 3 cm große Stücke schneiden, die Scheren ganz lassen. Die braune Butter in eine Pfanne geben, Zimtsplitter, Vanilleschote und Kardamomkapseln hinzufügen und bei milder Hitze darin erwärmen. Hummerfleisch und -scheren mit dem Estragon in die Pfanne geben und darin vorsichtig erwärmen, jedoch nicht braten. Zuletzt mit Chilisalz würzen.

6 Zum Servieren den Salat auf Tellern oder in Schalen anrichten, mit Dillspitzen und Kerbelblättern garnieren und je 1 Hummerschere und einige Hummerfleischstücke darauflegen. Die Cocktailsauce in kleine Schälchen füllen und dazu reichen.

Mein Tipp

Entspannter wird die Zubereitung des Salats, wenn Sie das ausgelöste Hummerfleisch, die Sauce und die Salatblätter schon einige Stunden im Voraus vorbereiten. Zum Servieren die Salatblätter dann kurz marinieren und die Hummerstücke in der Gewürzbutter sanft erwärmen.

Champagnergelee mit Forellenkaviar

Zutaten für 2 Personen

Für die Crème fraîche:
¼ Blatt Gelatine
100 g Crème fraîche
1 Msp. abgeriebene unbehandelte Limettenschale
mildes Chilisalz · Zucker

Für das Champagnergelee:
1 ½ Blatt Gelatine
¼ frische mittelscharfe rote Chilischote (ersatzweise 2–3 kleine getrocknete Chilischoten, z.B. Piri Piri) · 1 geh. TL Zucker
½ Streifen unbehandelte Limettenschale
200 ml Champagner (oder ein anderer Schaumwein)
einige Tropfen Limettensaft · Salz

Für den Kaviar:
2 EL Forellenkaviar (siehe Tipp)

1 Für die Crème fraîche die Gelatine in kaltem Wasser einweichen. Dann tropfnass in einen kleinen Topf geben und darin bei milder Hitze schmelzen lassen. Erst 1 TL Crème fraîche in die Gelatine rühren und alles in eine kleine Schüssel füllen.

2 Dann die übrige Crème fraîche in die Gelatinemischung rühren und mit Limettenschale, 1 Prise Chilisalz und 1 kleinen Prise Zucker würzen. Die Crème fraîche in hübsche Gläser oder Champagnerschalen füllen und etwa 1 Stunde kühl stellen.

3 In einem sehr kleinen Topf 1 ½ EL Wasser mit dem Zucker erwärmen, den Zucker dabei auflösen und vom Herd nehmen. Die Gelatine ausdrücken, in das warme Zuckerwasser rühren und auflösen. Dazu gegebenenfalls nochmals etwas erwärmen, Chilischote und Limettenschale hinzufügen und wenige Minuten darin ziehen lassen, dann wieder entfernen.

4 Das Zuckerwasser lauwarm abkühlen lassen und den Champagner hineinrühren (dabei 1 Schuss Champagner beiseitestellen). Die Geleemischung mit Limettensaft und 1 Prise Salz würzen, im Kühlschrank mindestens 2 Stunden durchkühlen und gelieren lassen.

5 Zum Servieren das Champagnergelee durchrühren und den beiseitegestellten Schuss Champagner dazugeben. Das Gelee auf der Crème fraîche verteilen und jeweils 1 TL Forellenkaviar daraufsetzen. Nach Belieben mit Kerbel garnieren.

Mein Tipp

Je nach Vorliebe können Sie auch eine andere Kaviarsorte nehmen. Diese erfrischende, kühle Vorspeise lässt sich ausgezeichnet vorbereiten. Wichtig ist dabei, dass sowohl die Crème fraîche als auch das Gelee während der Zeit im Kühlschrank dicht mit Frischhaltefolie bedeckt sind, damit Aroma und Geschmack frisch bleiben. Kurz vor dem Servieren wird noch 1 bis 2 EL kalter, perlender Schaumwein untergerührt, um dem Gericht noch mal einen Schuss zusätzliche Frische zu verleihen.

Jakobsmuscheln mit Rote-Bete-Cassis-Mousse

Zutaten für 2 Personen

Für die Mousse:
1 kleine Rote Bete (ca. 100 g)
Salz · 1 Blatt Gelatine
1 TL Rotweinessig
2 cl Cassislikör · mildes Chilisalz
50 g halbsteif geschlagene Sahne
Zucker

Für das Sesamsalz:
je ½ TL weiße und schwarze
Sesamsamen
½ TL Fleur de Sel
milde Chiliflocken

Für die Jakobsmuscheln:
½ TL Limettensaft · 1 TL Olivenöl
etwas abgeriebene unbehandelte
Limettenschale
2 ausgelöste Jakobsmuscheln

Außerdem:
1 EL frisch geraspelter Meerrettich

1 Für die Mousse die Rote Bete waschen und die Blätter entfernen, die Wurzel dabei nicht verletzen. Die Rote Bete in Salzwasser etwa 40 Minuten weich kochen. Während der Garzeit nicht einstechen, damit die Rote Bete nicht »ausblutet«. Die Rote Bete abgießen, kalt abschrecken und kurz ausdampfen lassen. Noch heiß schälen (dazu am besten Einmalhandschuhe verwenden) und lauwarm abkühlen lassen.

2 Inzwischen die Gelatine in kaltem Wasser einweichen. Die warme Rote Bete grob zerkleinern und in den Blitzhacker geben. Essig und Cassislikör hinzufügen und mit Chilisalz würzen. Das Ganze fein pürieren und in eine Schüssel füllen. In einem kleinen Topf 1 bis 2 TL Rote-Bete-Püree erwärmen. Die Gelatine ausdrücken, in das warme Püree rühren und darin auflösen. Dann die Gelatinemischung zügig unter das übrige Püree rühren und alles abkühlen lassen

3 Die halbsteif geschlagene Sahne mit einem Teigspatel unter das abgekühlte Püree heben und die Mousse mit Chilisalz und 1 Prise Zucker abschmecken. In kleine tiefe Teller oder Martinigläser füllen und im Kühlschrank 1 Stunde fest werden lassen.

4 Für das Sesamsalz beide Sesamsorten in einer Pfanne ohne Fett bei mittlerer Hitze unter ständigem Rühren feinduftend rösten, herausnehmen und abkühlen lassen. Dann mit Fleur de Sel und 1 Prise Chiliflocken mischen.

5 Für die Jakobsmuscheln den Limettensaft mit Olivenöl und Limettenschale verrühren. Die Jakobsmuscheln waschen, trocken tupfen und in dünne Scheiben schneiden. Mit der Marinade beträufeln.

6 Zum Servieren die Jakobsmuscheln mittig auf die Rote-Bete-Mousse legen, mit dem Sesamsalz bestreuen und mit dem Meerrettich bestreuen (Foto siehe S. 140/141).

Mein Tipp

Nach Belieben können Sie dazu noch Kartoffelstroh servieren: Dafür 1 Kartoffel schälen, waschen und in Juliennes schneiden (oder auf der Mandoline oder dem Dreieckshobel in feine Streifen hobeln). Die Kartoffelstreifen auf einem Sieb mit kaltem Wasser waschen, abtropfen lassen und auf einem Küchentuch vollständig trocken tupfen. In 170 °C heißem Fett einige Minuten hell frittieren (siehe S. 118), herausheben, auf Küchenpapier abtropfen lassen und mit Salz würzen.
Fein dazu schmeckt auch ein Wasabi-Joghurt. Dafür 50 g griechischen Joghurt (10 % Fett) mit ½ TL Wasabi-Paste glatt rühren. Mit Chilisalz und 1 Prise Zucker würzen.

Austern in Curry-Hollandaise

1 Für die Austern den Backofen auf 100 °C vorheizen. Die Austern mit dem Austernmesser vorsichtig öffnen und das Fleisch herauslösen. Das Austernwasser dabei auffangen und durch ein kleines Sieb gießen, um Splitter herauszufiltern. Eventuell vorhandene Splitter auf dem Austernfleisch mit einem in Salzwasser getauchten Pinsel vorsichtig entfernen, das Fleisch bis zur Verwendung kühl stellen. Die Austernschalen gründlich reinigen und im Ofen 30 Minuten trocknen. Herausnehmen und beiseitestellen.

2 Für die Hollandaise die Butter bei milder Hitze schmelzen, abschäumen und ohne Bodensatz in einen kleinen Topf füllen. Cremant und Brühe in einem kleinen Topf auf 1 bis 2 EL einköcheln lassen. In eine Metallschüssel füllen, Curry und Eigelb hineinrühren und mit einem feinmaschigen Schneebesen oder mit den Quirlen des Handrührgeräts im heißen Wasserbad zu feinporigem Schaum aufschlagen. Die Temperatur sollte dabei 75 bis max. 78 °C erreichen (Thermometer).

3 Die Schüssel vom Wasserbad nehmen und die flüssige, warme Butter gleichmäßig erst tropfenweise, dann in einem dünnen Faden in die Schaummasse rühren. Die Schaummasse soll dabei die Butter binden. Zuletzt etwa 1 EL Austernwasser untermischen. Die Hollandaise mit Salz, Chili, brauner Butter und Zitronensaft abschmecken.

4 Für den Spinat die Blätter verlesen, waschen und trocken schütteln, dabei grobe Stiele entfernen. Die Brühe in eine große tiefe Pfanne geben und bei milder Temperatur erhitzen. Den Spinat mit Knoblauch und Ingwer dazugeben und die Spinatblätter darin zusammenfallen lassen. Mit Salz, Pfeffer, Muskatnuss und Zitronenschale würzen.

5 Zum Pochieren in einem kleinen Topf Salzwasser auf 80 bis 90 °C erhitzen (Thermometer). Die ausgelösten Austern in das Salzwasser geben und 5 bis 10 Sekunden ziehen lassen, dann sofort anrichten.

6 Zum Servieren die Austernschalen jeweils auf ein Salzbett setzen und den Spinat in den Austernschalen verteilen. Die Hollandaise über den Spinat ziehen und je 1 pochierte Auster daraufsetzen. Mit kleinen Dillspitzen garnieren.

Zutaten für 2 Personen

Für die Austern:
6 Austern
Salz

Für die Hollandaise:
50 g Butter · 40 ml Cremant
25 ml Gemüsebrühe
1 Msp. mildes Currypulver
1 Eigelb · Salz
1 Msp. mildes Chilipulver
1 EL flüssige braune Butter
(siehe S. 112)
einige Tropfen Zitronensaft

Für den Spinat:
125 g Blattspinat
1 EL Gemüsebrühe
¼ Knoblauchzehe (in Scheiben)
½ Scheibe Ingwer
Salz · Pfeffer aus der Mühle
frisch geriebene Muskatnuss
½ Msp. abgeriebene unbehandelte
Zitronenschale

Außerdem:
500 g grobes Meersalz für
das Salzbett
6 Dillspitzen zum Garnieren

Mein Tipp

Zu den Austern passt auch eine Rosé-Champagner-Sauce (siehe S. 158) sehr gut. Für eine Cremantsauce anstatt des Rosé-Champagners einen Cremant (oder Sekt oder Prosecco) verwenden.

Artischocken mit Kräutervinaigrette

Zutaten für 2 Personen

Für die Artischocken:
2 große Artischocken · Salz
3 unbehandelte Zitronenscheiben

Für die Kräutervinaigrette:
4 EL Weißweinessig
2 EL Gemüsebrühe
1 TL Dijon-Senf
Salz · Pfeffer aus der Mühle
Zucker · 6 EL mildes Salatöl
1 kleine Schalotte
1 EL gemischte Kräuterblätter
(z. B. Basilikum, Kerbel, Petersilie, Schnittlauch)

1 Für die Artischocken von den Früchten den Stiel abschneiden und dabei den Boden etwas abflachen. Die Artischocken in leicht gesalzenem kochendem Wasser mit den Zitronenscheiben etwa 45 Minuten garen. Die Artischocken sind gar, wenn sich die Blätter leicht lösen lassen. Aus dem Topf nehmen und kopfüber abtropfen lassen.

2 Für die Kräutervinaigrette den Essig mit Brühe und Senf verrühren und mit Salz, Pfeffer und 1 Prise Zucker würzen. Das Öl langsam unterrühren.

3 Die Schalotte schälen und in feine Würfel schneiden. Die Kräuter fein schneiden. Die Schalottenwürfel und die Kräuter in die Vinaigrette rühren.

4 Die Artischocken mit der Kräutervinaigrette servieren. Zum Essen die Artischockenblätter abzupfen, das fleischige Ende in die Vinaigrette tauchen und mit den Zähnen abziehen.

Mein Tipp

Anstelle der Kräutervinaigrette können Sie die Artischocken auch mit einem Estragon-Limetten-Dip servieren: Dafür 100 g griechischen Joghurt (10 % Fett) mit 2 EL Hühnerbrühe verrühren und mit 1 Spritzer Limettensaft, 1 TL abgeriebener unbehandelter Limettenschale, 4 bis 5 frisch geschnittenen Estragonblättern sowie je 1 Prise Zucker und mildem Chilisalz würzen.

Suppe von weißem und grünem Spargel

1 Die Spargelstangen waschen. Den weißen Spargel ganz, den grünen nur im unteren Drittel schälen und die holzigen Enden jeweils abschneiden. Die Schalen und Endstücke aufbewahren.

2 Die Brühe in einem Topf aufkochen lassen und die Spargelschalen und Endstücke darin mit geschlossenem Deckel knapp unter dem Siedepunkt etwa 20 Minuten ziehen lassen. Den Sud durch ein Sieb in einen Topf gießen, die Spargelschalen dabei mit dem Schöpflöffel gut ausdrücken und entfernen.

3 Die Spargelstangen schräg in etwa ½ cm dicke Scheiben schneiden, in den Spargelsud geben und knapp unter dem Siedepunkt 5 bis 10 Minuten bissfest gar ziehen lassen. Den Sud erneut durch ein Sieb in einen Topf gießen und die Spargelscheiben warm stellen.

4 Die Sahne zum Spargelsud geben und alles aufkochen. Die Speisestärke mit 1 EL kaltem Wasser glatt rühren, in die Suppe rühren und 1 bis 2 Minuten leicht köcheln lassen. Die Suppe vom Herd nehmen, die Zitronenschale hinzufügen, wenige Minuten darin ziehen lassen und wieder entfernen. Die kalte Butter dazugeben und mit dem Stabmixer unterrühren. Zuletzt die Spargelsuppe mit Salz, 1 Prise Chilipulver, etwas Muskatnuss und Zitronensaft abschmecken.

5 Die Spargelscheiben auf vorgewärmte tiefe Teller verteilen, die Suppe nochmals mit dem Stabmixer aufschäumen und darübergeben.

Zutaten für 2 Personen

100 g weißer Spargel
100 g grüner Spargel
400 ml Gemüsebrühe
100 g Sahne
½–1 TL Speisestärke
½ Streifen unbehandelte Zitronenschale
1 EL kalte Butter
Salz
mildes Chilipulver
frisch geriebene Muskatnuss
einige Spritzer Zitronensaft

Mein Tipp

Für eine noch etwas sämigere Suppe 25 g gekochte Kartoffelwürfel zum Spargelsud geben und diese mit dem Stabmixer pürieren. Zum Verfeinern können Sie zum Schluss nach Belieben noch 1 kleine Prise Currypulver in die Spargelsuppe geben.

Hummersuppe mit gebratenem Blumenkohl

Zutaten für 2 Personen

Für die Hummersuppe:
Karkassen von 1 Hummer (ggf. beim Fischhändler vorbestellen)
Salz
½ Zwiebel
¼ Karotte
½ Stange Staudensellerie
50 g Fenchel
1 reife Tomate
1 TL Öl
½ TL Tomatenmark
je 2 ½ cl Noilly Prat (franz. Wermut) und Cognac
600 ml Gemüsebrühe
1 TL getrocknete Champignons
½–1 TL Speisestärke
½ gestr. TL mildes Currypulver
1 Knoblauchzehe (in Scheiben)
2 Scheiben Ingwer
100 g Sahne
1 EL kalte Butter
mildes Chilisalz

Für die Einlage:
50 g Blumenkohl
25 g Zuckerschoten
Salz
½ TL Öl

1 Für die Hummersuppe den Backofen auf 150 °C vorheizen. Die Hummerschalen in lauwarmem Salzwasser waschen, abtropfen lassen und auf einem Backblech verteilen. Im Ofen auf der mittleren Schiene 20 bis 30 Minuten trocknen. (Dieser Vorgang ist sehr wichtig, weil sich hierbei das typische Aroma entwickelt.) Die Hummerschalen aus dem Ofen nehmen und abkühlen lassen. Dann in einen Gefrierbeutel geben und grob zerkleinern.

2 Die Zwiebel und die Karotte schälen, den Sellerie und den Fenchel putzen und waschen. Das Gemüse in 1 ½ cm große Würfel schneiden. Die Tomate waschen und achteln, dabei den Stielansatz und die Kerne entfernen.

3 Das Öl in einem Topf erhitzen und die Karkassen darin bei mittlerer Hitze andünsten. Das Gemüse hinzufügen, das Tomatenmark unterrühren und kurz anrösten. Alles mit Wermut und Cognac ablöschen und sämig einköcheln lassen. Die Brühe dazugießen, sodass die Karkassen vollständig mit Flüssigkeit bedeckt sind. Die Pilze dazugeben, Hummerschalen und Gemüse mit einem Blatt Backpapier bedecken und knapp unter dem Siedepunkt 40 bis 45 Minuten garen.

4 Inzwischen für die Einlage den Blumenkohl putzen, waschen und in etwa 1 ½ cm große Röschen teilen. Die Zuckerschoten putzen, waschen und schräg in 1 ½ cm breite Rauten schneiden. Nacheinander in Salzwasser wenige Minuten bissfest blanchieren. Jeweils in ein Sieb abgießen, kalt abschrecken und abtropfen lassen.

5 Die Suppe mit Currypulver, Knoblauch und Ingwer würzen und noch 15 Minuten ziehen lassen. Durch ein feines Sieb gießen und etwas durchdrücken. Sahne hinzufügen und alles aufkochen. Die Speisestärke mit 1 EL kaltem Wasser glatt rühren und in die köchelnde Suppe rühren. Butter mit dem Stabmixer unterrühren, Suppe mit Chilisalz abschmecken.

6 Zum Servieren eine Pfanne bei mittlerer Temperatur erhitzen und das Öl mit einem Pinsel darin verstreichen. Blumenkohl und Zuckerschoten darin anbraten und salzen. Die Suppe nochmals mit dem Stabmixer aufschäumen, auf vorgewärmte tiefe Teller verteilen und das Gemüse darin anrichten.

Mein Tipp

Die Hummersuppe nach Belieben als klare Suppe, ohne Sahne und Butter, servieren. Wer will, verfeinert die Suppe am Ende mit ½ TL frisch geschnittenen Estragonblättern.

Gegrillte King Prawns mit Avocado und Papaya

Zutaten für 2 Personen

Für die Garnelen:
3 rohe King Prawns (Riesengarnelen aus Wildfang; à 80–90 g)
1 EL Öl · 3 TL mildes Olivenöl
1 Knoblauchzehe (in Scheiben)
2 Scheiben Ingwer
je etwas abgeriebene unbehandelte Zitronen- und Orangenschale
mildes Chilisalz

Für die Beilagen:
½ kleine reife, feste Avocado
Salz · 1 TL Öl
3 TL Kokosflocken
½ Papaya (ca. 200 g)

Für den Dip:
1 TL eingelegter Ingwer (aus dem Glas) + 1 TL Einlegefond
100 g griech. Joghurt (10 % Fett)
Chili-Vanille-Salz
Zucker

Außerdem:
einige kleine Kräuter- oder Salatblätter zum Garnieren

1 Für die Garnelen die King Prawns samt Schale längs halbieren, dabei am besten von der weichen Innenseite her schneiden. Den Darm vorsichtig herausziehen und entfernen. Die Garnelen waschen und trocken tupfen.

2 Eine Grillpfanne bei mittlerer Temperatur erhitzen und das Öl mit einem Pinsel darin verstreichen. (Alternativ auf dem Grill arbeiten.) Die Garnelen in der Pfanne auf der Schalenseite etwa 2 Minuten grillen. Die Pfanne vom Herd nehmen und das Öl mit Küchenpapier aus der Pfanne tupfen. Die Garnelen wenden und in der Nachhitze 1 Minute saftig durchziehen lassen.

3 Das Olivenöl mit Knoblauch, Ingwer, Zitronen- und Orangenschale in einer Pfanne erwärmen und mit Chilisalz würzen. Die Garnelen mit dem Würzöl beträufeln und warm halten.

4 Für die Beilagen die Avocado schälen und bei Bedarf noch den Kern entfernen, das Fruchtfleisch in Spalten schneiden und salzen. Eine Pfanne bei mittlerer Temperatur erhitzen und das Öl mit einem Pinsel darin verstreichen. Avocadospalten in den Kokosflocken wenden und in der Pfanne auf beiden Seiten goldbraun braten. Herausnehmen und auf Küchenpapier abtropfen lassen. Die Papaya halbieren und die Kerne entfernen, die Papayahälften schälen und in ½ bis 1 cm dicke Scheiben schneiden.

5 Für den Dip den eingelegten Ingwer fein hacken und mit dem Einlegefond in den Joghurt rühren. Mit Chili-Vanille-Salz und 1 Prise Zucker würzen.

6 Zum Servieren das Garnelenfleisch nach Belieben aus der Schale lösen. Papaya und Avocado auf angewärmten Tellern anrichten, je 3 Garnelenhälften dazwischenlegen und den Ingwerjoghurt darüberträufeln. Mit Kräuterblättern garnieren.

Mein Tipp

Durch das Braten der Garnelen in der Schale entwickelt sich ein besonders intensives Krustentieraroma, das auch vom Garnelenfleisch aufgenommen wird. Werden die Garnelen mitsamt der Schale auf dem Teller angerichtet, verströmt diese zudem ein appetitliches Röstaroma. Das Garnelenfleisch kann ganz leicht mit Gabel und Messer aus der Schale gelöst werden.

Goldbrasse mit Safranrisotto und Kräuterspinat

Zutaten für 2 Personen

Für die Goldbrasse:
1 Goldbrasse (800 g; Dorade bzw. Dorade Royal)
1 Stiel Petersilie
1 Scheibe Ingwer
1 Streifen unbehandelte Zitronenschale
je 1 TL Wacholderbeeren, Koriander- und schwarze Pfefferkörner
½ TL getrocknete Lavendelblüten
5 Eiweiß · 1 ½ kg grobes Meersalz
30 g Mehl · 30 g Speisestärke
Öl zum Bestreichen
1 EL mildes Olivenöl · ¼ Limette
Pfeffer aus der Mühle

Für den Safranrisotto:
½ kleine Zwiebel
75 g Risotto-Reis (z. B. Arborio, Carnaroli oder Vialone nano)
225 ml heiße Gemüsebrühe
5 Safranfäden
½ Msp. mildes Currypulver (oder gemahlene Kurkuma)
½ kleines Lorbeerblatt
1 TL kalte Butter
1 TL geriebener Parmesan
mildes Chilisalz

Für den Kräuterspinat:
250 g Babyspinatblätter
je ½ Handvoll Dillspitzen, Basilikum- und Kerbelblätter
1 TL Butter · mildes Chilisalz
frisch geriebene Muskatnuss

1 Für die Goldbrasse den Backofen auf 200 °C vorheizen. Die Dorade innen und außen waschen, trocken tupfen und die Flossen abschneiden. Die Petersilie waschen, trocken schütteln und mit Ingwer und Zitronenschale in die Bauchhöhle geben.

2 Für die Gewürzkruste Wacholderbeeren, Koriander- und Pfefferkörner sowie Lavendel in einem Mörser etwas zerstoßen. Die Eiweiße halbsteif schlagen und mit Salz, Gewürzen, Mehl und Stärke mischen. Ein Backblech mit Backpapier belegen und aus etwa der Hälfte der Salzmasse einen Sockel in Fischgröße darauf formen. Den Fisch mit Öl bestreichen, auf das Salzbett legen und mit der übrigen Salzmasse bedecken. Die Goldbrasse im Ofen auf der mittleren Schiene etwa 40 Minuten garen.

3 Inzwischen für den Safranrisotto die Zwiebel schälen und in feine Würfel schneiden. Einen flachen Topf bei mittlerer Temperatur erhitzen und die Zwiebel darin ohne Fett leicht andünsten. Den Reis dazugeben und kurz erhitzen. Die Brühe dazugießen, die Safranfäden hineinstreuen und zuletzt Currypulver und Lorbeerblatt hinzufügen.

4 Den Risotto aufkochen lassen, mit einem Blatt Backpapier bedecken und knapp unter dem Siedepunkt 20 bis 25 Minuten weich garen. Die Reiskörner sollen dann noch Biss haben. Am Ende der Garzeit die kalte Butter und den Parmesan unterrühren, das Lorbeerblatt entfernen und den Risotto mit Chilisalz abschmecken.

5 Für den Kräuterspinat den Spinat verlesen, waschen und trocken schütteln, dabei grobe Stiele entfernen. Die Kräuter waschen, trocken schütteln und grob zerkleinern. In einer großen tiefen Pfanne die Butter bei milder Hitze zerlassen. Die Spinatblätter in der Pfanne verteilen, die Kräuterblätter daraufstreuen und mit Chilisalz und Muskatnuss würzen. Alles 1 bis 2 Minuten erhitzen, bis die Spinatblätter etwas zusammengefallen sind.

6 Zum Servieren den Fisch aus dem Ofen nehmen und aus der Salzkruste klopfen oder mit einem Brotschneidemesser waagerecht einen Deckel abschneiden. Die Goldbrasse filetieren und die Fischfilets auf vorgewärmten Tellern anrichten. Mit je 1 TL Olivenöl und 1 Spritzer Limettensaft beträufeln und mit Pfeffer würzen. Den Risotto und den Kräuterspinat daneben anrichten.

Seeteufel und Scampi auf Tomatenragout

Zutaten für 2 Personen

Für die Gremolata:
½ Bund Petersilie
½ geriebene Knoblauchzehe
½ Msp. geriebener Ingwer
abgeriebene Schale von ¼ unbehandelten Zitrone
½ Msp. abgeriebene unbehandelte Orangenschale

Für das Tomatenragout:
3 Tomaten
Salz
milde Chiliflocken

Für den Seeteufel und die Scampi:
250 g Seeteufelfilet (küchenfertig)
4 Scampi (Kaisergranate)
Salz
je ½ TL Fenchelsamen, ganzer Kümmel, zersplitterte Zimtrinde, Koriander- und schwarze Pfefferkörner für die Gewürzmühle
40 g Weißbrotbrösel
1 EL Öl

Für die Pilze:
100 g Pioppini-Pilze (ersatzweise Champignons)
4 Frühlingszwiebeln
1 TL Öl
1 EL Butter
Salz
milde Chiliflocken

Außerdem:
einige Basilikumblätter

1 Für die Gremolata die Petersilie waschen und trocken schütteln, die Blätter abzupfen und fein schneiden. Knoblauch, Ingwer und Zitronen- und Orangenschale mit der Petersilie mischen. Die Gremolata bis zur Verwendung zugedeckt kühl stellen.

2 Für das Tomatenragout die Tomaten kreuzweise einritzen, überbrühen, häuten, vierteln und entkernen. Die Tomatenkerne in einem hohen Rührbecher mit dem Stabmixer pürieren und die Flüssigkeit durch ein feines Sieb passieren. Tomatenviertel nochmals halbieren.

3 Die passierte Tomatenflüssigkeit in einer Pfanne erwärmen. Die Tomatenstücke dazugeben, erhitzen und mit 1 bis 2 TL Gremolata mischen. Mit Salz und 1 Prise Chiliflocken würzen. Das Tomatenragout warm halten. (Die restliche Gremolata hält sich mit etwas Öl verrührt einige Tage im Kühlschrank. Man kann sie z. B. als Topping für andere gebratene Fisch- oder auch Fleischsorten verwenden.)

4 Für den Seeteufel und die Scampi das Seeteufelfilet aus dem Kühlschrank nehmen und etwa 20 Minuten Zimmertemperatur annehmen lassen.

5 Bei den Scampi durch sachtes Drehen den Körper vom Schwanz trennen. Scampischwänze schälen, am Rücken längs einschneiden und den Darm entfernen. Dann waschen und trocken tupfen.

6 Das Seeteufelfilet waschen, trocken tupfen und schräg in Medaillons schneiden. Leicht mit Salz würzen und mit den Gewürzen aus der Mühle bestreuen. Die Seeteufelstücke in den Weißbrotbröseln wenden. Das Öl in einer Pfanne erhitzen und die Seeteufelmedaillons darin bei mittlerer Hitze auf beiden Seiten insgesamt etwa 4 Minuten braten. Gegen Ende der Garzeit die Scampischwänze dazugeben und auf beiden Seiten kurz mitbraten. Die Pfanne vom Herd nehmen und beides darin noch 1 bis 2 Minuten nachziehen lassen. Dann aus der Pfanne nehmen und auf Küchenpapier abtropfen lassen.

7 Für die Pilze die Pioppini-Pilze putzen und trocken abreiben. Frühlingszwiebeln putzen, waschen und klein schneiden. Das Öl in einer Pfanne erhitzen, die Pilze und Frühlingszwiebeln darin bei mittlerer Hitze anbraten. Zuletzt die Butter dazugeben und zerlassen. Mit Salz und 1 Prise Chiliflocken würzen.

8 Das Tomatenragout auf vorgewärmte Teller verteilen, die Pilze und die Frühlingszwiebeln daneben anrichten. Die Seeteufelmedaillons und die Scampi darauflegen und mit Basilikumblättern garnieren.

Saltimbocca mit Spinatsalat

1 Für die Saltimbocca das Kalbsfilet von Sehnen befreien, in 6 Scheiben schneiden und zwischen zwei Lagen geölter Frischhaltefolie mit der flachen Seite des Schnitzelklopfers dünn klopfen.

2 Die Fleischscheiben mit Pfeffer würzen. Je ½ Scheibe Schinken und 2 Salbeiblätter auf die Fleischscheiben legen und mithilfe von kleinen Holzspießen auf dem Fleisch feststecken.

3 Das Öl in einer Pfanne erhitzen und die Schnitzel darin bei mittlerer Hitze zuerst auf der Schinkenseite, dann auf der anderen Seite jeweils 1 bis 2 Minuten braten. Aus der Pfanne nehmen.

4 Das Öl abgießen, den Puderzucker auf den Bratensatz stäuben und hell karamellisieren. Mit dem Wein ablöschen und etwas einkochen lassen. Die Brühe dazugießen und die Butter unterrühren. Die Schnitzel in der Sauce wenden und mit Pfeffer würzen.

5 Für den Spinatsalat die Tomate waschen und vierteln, dabei die Kerne und den Stielansatz entfernen. Die Tomate in kleine Würfel schneiden. Die Frühlingszwiebel putzen, waschen und in feine Ringe schneiden. Spinatblätter waschen, verlesen und trocken schleudern.

6 Die Brühe mit dem Zitronensaft und dem Olivenöl verrühren und mit Chilisalz würzen. Den Spinat, die Petersilie, die Minze, die Tomatenwürfel und die Frühlingszwiebelringe mit der Zitronenmarinade mischen und mit Salz würzen.

7 Zum Servieren die Saltimbocca auf vorgewärmte Teller setzen und den Spinatsalat daneben anrichten.

Zutaten für 2 Personen
Für die Saltimbocca:
250 g Kalbsfilet (oder Kalbfleisch aus der Keule) · Öl für die Folie
Pfeffer aus der Mühle
3 hauchdünne Scheiben roher Schinken (halbiert)
12 Salbeiblätter · 1–2 TL Öl
½ TL Puderzucker
5 EL Weißwein
4 EL Hühnerbrühe
20 g kalte Butter

Für den Spinatsalat:
1 Tomate
1 kleine Frühlingszwiebel
50 g Babyspinatblätter
25 ml Gemüsebrühe
1–2 TL Zitronensaft
1 TL mildes Olivenöl
mildes Chilisalz
1 TL Petersilien- und Minzeblätter sowie Dillspitzen (frisch geschnitten)
Salz

Mein Tipp

Nach Belieben kann dazu auch das Rosmarin-Polenta-Püree von S. 94 serviert werden – für 2 Personen die Zutatenmengen einfach halbieren. Die Schnitzel sollten Sie nicht salzen, da der Schinken salzig genug ist.

Filetspitzen in Rosé-Champagner

Zutaten für 2 Personen

Für die Filetspitzen:
2 TL Puderzucker
125 ml Champagner rosé
125 ml Hühnerbrühe
100 g Sahne
½ TL Speisestärke
20 g kalte Butter
1 Stück Vanilleschote (1–2 cm)
½ Knoblauchzehe (in Scheiben)
1 Scheibe Ingwer
Salz · milde Chiliflocken
250 g Kalbsfiletspitzen
(küchenfertig)
½ TL Öl

Für das Gemüse:
4 Stangen grüner Spargel
(dünne Stangen)
1 Bund Mini-Karotten
70 ml Gemüsebrühe
1–2 TL kalte Butter
mildes Chilisalz

1 Für die Filetspitzen den Puderzucker in einen Topf stäuben und bei milder Hitze hell karamellisieren. Mit dem Champagner ablöschen und auf ein Drittel bis ein Viertel einköcheln lassen. Die Brühe dazugießen und das Ganze wieder auf ein Drittel einköcheln lassen.

2 Die Sahne unterrühren und die Sauce erhitzen. Die Stärke in wenig kaltem Wasser glatt rühren, in die Sauce geben und köcheln lassen, bis diese leicht sämig bindet. Die kalte Butter mit dem Stabmixer unterrühren. Vanille, Knoblauch und Ingwer hinzufügen und die Sauce mit Salz und 1 Prise Chiliflocken abschmecken. Vanille, Knoblauch und Ingwer zum Servieren wieder entfernen.

3 Das Fleisch in etwa 1 cm breite Streifen schneiden. Eine Pfanne bei mittlerer Temperatur erhitzen und das Öl mit einem Pinsel auf dem Pfannenboden verstreichen. Die Filetspitzen darin rosa braten und mit Chilisalz würzen. Warm halten.

4 Für das Gemüse den Spargel waschen, im unteren Drittel schälen und die holzigen Enden entfernen. Die Spargelstangen schräg in etwa 3 cm lange Stücke schneiden. Die Karotten putzen, das Grün bis auf 1 cm entfernen und die Karotten schälen. Spargel und Karotten mit der Brühe in einen Topf geben, mit einem Blatt Backpapier bedecken und knapp unter dem Siedepunkt etwa 8 Minuten gerade weich garen. Die Brühe darf dabei weitgehend verkochen. Zuletzt die kalte Butter hinzufügen und das Gemüse mit Chilisalz würzen.

5 Zum Servieren die Sahnesauce nochmals mit dem Stabmixer aufschäumen und in vorgewärmte tiefe Teller oder in Schalen verteilen. Die Filetspitzen darauf anrichten und das Gemüse dazwischensetzen.

Mein Tipp

Die Sauce können Sie bereits einige Stunden vorher zubereiten und bis zum Servieren kühl stellen. Ebenso können Sie die Filetspitzen schon vorab in Streifen schneiden und zugedeckt im Kühlschrank aufbewahren. Damit sich das Fleisch gut braten lässt, sollten Sie es jedoch etwa 30 Minuten vorher aus dem Kühlschrank nehmen.

Chateaubriand mit Morchel-Remoulade

Zutaten für 2 Personen

Für das Chateaubriand:
1 Mittelstück vom Rinderfilet
(ca. 450 g; küchenfertig)
1 TL Öl · mildes Chilisalz

Für die Remoulade:
1 TL getrocknete Spitzmorcheln
(ca. 3 g)
60 ml Gemüsebrühe
½ hart gekochtes Ei
2 cl weißer Portwein
100 g Schmand
1 EL Kerbelblätter
(frisch geschnitten)
mildes Chilisalz
Pfeffer aus der Mühle

Für die Artischocken:
75 g Zirbelkohl (Romanesco) · Salz
100 g Artischockenböden
(frisch oder tiefgekühlt)
Saft von 1 Zitrone
75 g ganze, kleine Champignons
½ Bund Mini-Karotten
70 ml Gemüsebrühe
½ Knoblauchzehe (in Scheiben)
1 Scheibe Ingwer
1 kleiner Streifen unbehandelte
Zitronenschale
1 EL kalte Butter
mildes Chilisalz

1 Für das Chateaubriand den Backofen auf 100 °C vorheizen. Auf die mittlere Schiene ein Ofengitter und darunter ein Abtropfblech schieben. Das Fleischstück auf die Schnittfläche stellen und mit dem Handballen oder Plattiereisen auf etwa 4 cm Dicke zusammendrücken.

2 Eine Pfanne bei mittlerer Temperatur erhitzen und das Öl mit einem Pinsel darin verstreichen. Das Fleischstück darin rundum anbraten, auf das Ofengitter setzen und im Ofen etwa 1 Stunde rosa braten. Herausnehmen, mit Chilisalz würzen und nach Belieben in einer Gewürzbutter (siehe S. 112) wenden.

3 Für die Remoulade die Trockenpilze in eine Tasse geben. Die Brühe aufkochen, über die Morcheln gießen und 30 Minuten quellen lassen. Inzwischen das Ei pellen und fein hacken. Die Pilzbrühe durch ein mit Küchenpapier ausgelegtes Sieb in einen Topf gießen und auf 1 EL einköcheln lassen. Die Morcheln fein hacken.

4 Den Portwein in einem Topf auf 1 bis 2 TL einkochen lassen und abkühlen lassen. Den Schmand mit dem eingekochten Portwein und der Morchelbrühe glatt rühren. Kerbel, gehacktes Ei und Morcheln dazugeben und glatt unterrühren. Die Morchel-Remoulade mit Chilisalz und Pfeffer abschmecken.

5 Für die Artischocken den Zirbelkohl in kleine Röschen teilen und waschen. In Salzwasser gerade bissfest kochen. In ein Sieb abgießen, kalt abschrecken und abtropfen lassen. Die Artischockenböden in Spalten schneiden und bis zur Verwendung in Zitronenwasser legen (dazu den Zitronensaft mit 1 l Wasser mischen). Die Champignons putzen und trocken abreiben. Die Karotten schälen, das Grün bis auf etwa 1 cm entfernen.

6 Artischocken und Karotten mit der Brühe in einen kleinen Topf geben, mit einem Blatt Backpapier bedecken und knapp unter dem Siedepunkt etwa 8 Minuten leicht bissfest garen. Champignons mit Knoblauch, Ingwer und Zitronenschale hinzufügen und noch etwas mitgaren. Zuletzt den Zirbelkohl hinzufügen und erhitzen, die Butter dazugeben und das Gemüse mit Chilisalz würzen. Knoblauch, Ingwer und Zitronenschale wieder entfernen.

7 Zum Servieren das Chateaubriand in Scheiben schneiden und auf vorgewärmten Tellern anrichten. Das Gemüse darum herumlegen und die Morchel-Remoulade dazu reichen. Nach Belieben einige ganze Morcheln zum Garnieren danebensetzen.

Champagnersorbet mit kandierten Rosenblättern

Zutaten für 2 Personen

Für die kandierten Rosenblätter:
1 schöne hellrote, aufgeblühte Rose (unbehandelt)
1 Eiweiß
3 TL nicht zu feiner Kristallzucker

Für das Sorbet:
300 ml Champagner rosé (ersatzweise anderer Schaumwein)
80 g Zucker
Saft von ¼ Zitrone
¼ aufgeschlitzte Vanilleschote
½ Streifen unbehandelte Zitronenschale
1 EL Rosenwasser

1 Für die kandierten Rosenblätter den Backofen auf 50 °C vorheizen. Die Rosenblätter abzupfen und auf ein mit Backpapier belegtes Backblech legen. Das Eiweiß mit ½ TL Wasser verquirlen, die Rosenblätter mit einem Pinsel mit der Flüssigkeit bestreichen und den Kristallzucker großzügig darüberstreuen.

2 Die Rosenblätter im Ofen 3 bis 4 Stunden trocknen lassen. Aus dem Ofen nehmen, abkühlen lassen und in einem gut schließenden Behälter aufbewahren.

3 Für das Sorbet 100 ml Wasser mit Zucker und Zitronensaft in einen Topf geben. Die Vanilleschote und die Zitronenschale dazugeben und alles einmal aufkochen. Den Topf vom Herd nehmen und abkühlen lassen. Die Mischung durch ein Sieb gießen, den Champagner hineinrühren und mit etwas Rosenwasser verfeinern und in der Eismaschine oder Sorbetiere cremig gefrieren lassen (siehe Tipp).

4 Das Sorbet in einen vorgefrorenen, passenden Behälter füllen, mit Backpapier direkt bedecken und bis zum Verzehr im Tiefkühlfach aufbewahren. Möglichst innerhalb der nächsten Stunden verzehren.

5 Zum Servieren die Dessertgläser mindestens 10 Minuten in das Tiefkühlfach stellen. Aus dem Sorbet Nocken oder Kugeln ausstechen, in die tiefgekühlten Gläser setzen und mit den kandierten Rosenblättern garnieren.

Mein Tipp

Wer keine Eismaschine zur Verfügung hat, kann anstatt des Sorbets auch ausgezeichnet eine erfrischende Champagner-Granité zubereiten. Dazu die flüssige Sorbet-Mischung in eine gefrierfeste Form füllen und im Tiefkühlfach fest durchfrieren lassen. Anschließend mit einem Löffel aufrauen und in gefrostete Gläser füllen. Nach Belieben noch je 1 kleinen Schuss eiskalten Schaumwein angießen, mit den Rosenblättern dekorieren und sofort servieren.

»Berliner Luft« auf marinierten Beeren

1 Die Erdbeeren putzen, waschen und trocken tupfen. 40 g kleine Erdbeeren beiseitestellen, die restlichen Beeren in einen hohen Rührbecher geben und mit dem Stabmixer pürieren. Das Püree durch ein Sieb streichen.

2 Die Himbeeren und Heidelbeeren verlesen, waschen und vorsichtig trocken tupfen. Die beiseitegestellten Erdbeeren mit Himbeeren und Heidelbeeren mischen und etwa 1 EL Beeren für die Garnitur beiseitestellen. Die restlichen Beeren mit der Erdbeersauce mischen und mit dem Puderzucker und dem Likör abschmecken.

3 Die Gelatine in kaltem Wasser einweichen. Das Ei trennen. Sekt, Zitronensaft, 30 g Zucker und Eigelb in einem Topf verrühren, aufkochen lassen und vom Herd nehmen. Gelatine ausdrücken, in die heiße Zitronenmasse rühren und auskühlen lassen.

4 Das Eiweiß mit 1 Prise Salz und 25 g Zucker zu einem cremigen, festen Schnee schlagen. Die Sahne halbsteif schlagen. Beides untereinanderheben und unter die ausgekühlte Zitronencreme ziehen.

5 Die marinierten Beeren in Dessertgläser verteilen, mit der Creme bedecken und mindestens 1 Stunde in den Kühlschrank stellen. Zum Servieren mit den beiseitegestellten Beeren und nach Belieben mit Minzeblättern garnieren.

Zutaten für 2 Personen

125 g Erdbeeren
je 40 g Himbeeren und Heidelbeeren
1 TL Puderzucker
1 cl Orangenlikör (z. B. Grand Marnier)
4 EL Sekt
3 EL Zitronensaft
55 g Zucker
1 Ei
1 ½ Blatt Gelatine
Salz
60 g Sahne

Mein Tipp

»Berliner Luft« ist ein köstliches (Sommer-)Dessert, das Sie im Winter auch mit marinierten Orangen- oder Mandarinenfilets anrichten können. Das Dessert hält sich im Kühlschrank bis zu 1 Tag.

Gegrillte Wassermelone mit Prosecco-Sabayon

Zutaten für 2 Personen

Für die Sabayon:
¼ Blatt Gelatine
130 ml Prosecco
3 Eigelb · 40 g Zucker
¼ TL arabisches Kaffeegewürz
(ersatzweise 1 Msp. Vanillemark, etwas Zimtpulver und 1 Prise gemahlener Kardamom)
Saft von ¼ Zitrone
80 g Sahne

Für die Melone:
250 g Wassermelone

Außerdem:
einige Minzeblätter zum Garnieren

1 Für die Sabayon die Gelatine in kaltem Wasser einweichen. Den Prosecco mit Eigelben, Zucker, Kaffeegewürz und Zitronensaft in einer Metallschüssel im heißen Wasserbad zu feinporigem Schaum aufschlagen. Die Temperatur sollte dabei 78 bis 80 °C erreichen, aber nicht überschreiten (Thermometer). Die Gelatine aus dem Wasser nehmen und in die warme Schaummasse rühren.

2 Die Masse vom Wasserbad nehmen und im Eiswasserbad kalt schlagen. Die Sahne halbsteif schlagen und mit einem Teigspatel unter die abgekühlte Sabayon heben. Bis zur Verwendung kühl stellen.

3 Die Wassermelone schälen, das Fruchtfleisch in 1 cm dicke Scheiben schneiden und die Kerne weitgehend entfernen. Nach Belieben aus den Scheiben mit einem runden Ausstecher oder einem Glas unterschiedlich große Kreise ausstechen (Reste anderweitig verwenden).

4 Eine Grillpfanne (oder geriffelte Grillplatte) vorheizen und die Melonenstücke darin ohne Fett auf beiden Seiten kurz grillen.

5 Zum Servieren die Melonenstücke auf kleinen Tellern anrichten und die Sabayon darum herumziehen. Mit Minzeblättern garnieren.

Mein Tipp

Wenn von der Prosecco-Sabayon etwas übrig bleibt, können Sie sie im Kühlschrank gut 1 Tag aufbewahren. Die Sabayon schmeckt auch ausgezeichnet zu einem Obstsalat oder zu Apfelstrudel (siehe S. 38).

REGISTER

A/B

Apfelstrudel mit Vanillesahne 38
Arabische Gewürzbutter 112
Artischocken mit Kräuter-vinaigrette 148
Auberginen-Paprika-Aufstrich (Variante) 45
Austern in Curry-Hollandaise 147
Avocadoaufstrich 44
Barbecue-Sauce 110
Bayerische Creme, marmorierte, mit Himbeeren 100
Bayerischer Smoothie 64
Bayerisches Kraut mit Apfelsaft und Petersilie 88
»Berliner Luft« auf marinierten Beeren 163
Blaukraut 85
Blumenkohl-Curry-Frischkäse 44
Brathendl mit Kopfsalat und Radieserln 18
Braune Butter und dreierlei Gewürzbutter 112
Brezenknödel 29
Bröselbutter (Tipp) 74
Burgunderbraten mit Kartoffel-Artischocken-Gröstl 26
Buttermilchmousse mit Mango-Salsa 37

C

Calamari, frittierte, mit Kräuter-mayonnaise 118
Carpaccio mit Parmesan-Chip 72
Champagnergelee mit Forellenkaviar 144
Champagner-Granité (Variante) 162
Champagnersorbet mit kandierten Rosenblättern 162
Champignon-Rahm-Schnitzel (Variante) 33
Chateaubriand mit Morchel-Remoulade 160
Chili con Carne mit Zucchini und Paprika 132
Chilikäse in der Brotkruste 108

Crema catalana 62
Crevetten-Salat mit Kartoffel-Fenchel-Rösti 52

E/F

Eierspätzle 28
Eingerollter Kartoffelknödel 29
Entenbrust mit Orangenglasur und Wirsingspinat 86
Estragon-Limetten-Dip (Tipp) 148
Farfalle mit Tomaten-Basilikum-Sauce 16
Festlicher Gänsebraten 82
Filet Wellington vom Hirsch mit Aprikosen-Senf-Sauce 34
Filetspieße vom Schwein 134
Filetspitzen in Rosé-Champagner 158
Filetsteaks mit Kartoffelgratin 124
Fischnuggets mit rotem Paprikapesto 120
Fladenbrot, gefülltes, mit Räucherfisch und Radieschen 45
Forelle mit Pichelsteiner und Liebstöckelpesto 76
Frittierte Calamari mit Kräutermayonnaise 118

G

Gänsebraten, festlicher 82
Ganserlsuppe mit Leberpflanzerln 74
Garnelen auf Rahmgurken 104
Gebackener Rotbarsch mit Kartoffel-Gurken-Salat 14
Gebeizter Lachs mit Honig-Dill-Sauce 50
Gebratene Topfenknödel mit Rumtopf 66
Gebratener Spargel 89
Gebratenes Rinderfilet auf buntem Gemüse 90
Gedeckte Hackfleischtarte 53
Geeister Kaiserschmarren (Variante) 137
Gefüllte Kalbsbrust 22
Gefüllte Spitzpaprika mit Feta 114
Gefülltes Fladenbrot mit Räucherfisch und Radieschen 45

Gegrillte King Prawns mit Avocado und Papaya 152
Gegrillte Wassermelone mit Prosecco-Sabayon 164
Gegrillte Weißwürste auf Chili-Rahm-Kraut 126
Gegrillte Ribeye-Steaks 128
Gekochte Kartoffelknödel 84
Geschmorte Kalbshaxe 21
Gewürzbutter, arabische 112
Glasierter Schweinenacken mit Kartoffelecken 128
Goldbrasse mit Safranrisotto und Kräuterspinat 154
Graupensalat mit Roastbeef 106
Grillgewürz (Tipp) 134
Grüner Spargel in Südtiroler Speck 114
Gulaschsuppe mit Räucherpaprika 107
Gurken-Joghurt-Drink 64

H/J

Hackfleischtarte, gedeckte 53
Hendlkeulen, knusprige, mit Süßkartoffelchips 122
Himbeer-Cheesecakes im Glas 68
Hummersalat mit Cocktailsauce 142
Hummersuppe mit gebratenem Blumenkohl 150
Jakobsmuscheln mit Rote-Bete-Cassis-Mousse 146

K

Kaffeesalz-Butter 112
Kaiserschmarren, geeister (Variante) 137
Kalbsbrust, gefüllte 22
Kalbsfilet in der Brotkruste mit Pilzgröstl 92
Kalbshaxe, geschmorte 21
Kalbsrahmgulasch mit Apfel und Kartoffel-Sellerie-Püree 24
Kalte Mandel-Joghurt-Suppe mit Fladenbrot 47
Kartoffel-Bärlauch-Püree (Variante) 28
Kartoffelknödel, eingerollter 29

Kartoffelknödel, gekochte 84
Kartoffelpüree 28
Kartoffelstroh (Tipp) 146
Kartoffelsuppe mit gebratenen Pilzen 12
Kartoffel-Zitronen-Püree (Variante) 28
King Prawns, gegrillte, mit Avocado und Papaya 152
Knusprige Hendlkeulen mit Süßkartoffelchips 122
Kokos-Limetten-Dip (Tipp) 116
Kokos-Panna-cotta mit Ananas und Erdbeeren 136
Kräutermayonnaise 110
Kräuterrahmsuppe mit Saiblingsnockerln 13
Krustenbraten mit Semmelknödeln 25
Kürbissuppe mit Brezen-Croûtons 46

L

Lachs, gebeizter, mit Honig-Dill-Sauce 50
Lachs-Zander-Strudel, offener, mit mariniertem Spargel 78
Lammkeule mit Rosmarin-Polenta-Püree 94
Lasagne mit Spinatblättern 17
Lauwarmer Maultaschensalat 104
Leberspätzle (Variante) 74
Limoncello-Himbeer-Tiramisu (Variante) 99

M/N

Mandel-Joghurt-Suppe, kalte, mit Fladenbrot 47
Mango-Chutney 110
Marmorierte Bayerische Creme mit Himbeeren 100
Maultaschensalat, lauwarmer 104
Mayonnaise (ohne Ei) 118
Meerrettichwirsing 88
Miso-Mayonnaise (Variante) 118
Nudelsalat mit Paprika und Mais 51
Nudelsalat mit Pilzen (Variante) 51
Nürnberger Krautwickerl 130

O/P/Q

Offene Omeletts mit Gemüse-Würstel-Gröstl 54
Offener Lachs-Zander-Strudel mit mariniertem Spargel 78
Omeletts, offene, mit Gemüse-Würstel-Gröstl 54
Orangen-Krokant-Parfait (Variante) 137
Pflanzerlburger mit Zwiebelsenf 125
Piña-Colada-Suppe 48
Quiche Lorraine 42

R

Radieschen-Salsa (Tipp) 108
Rehrücken, rosa gebratener, auf Wacholderrahm 97
Rettich-Karotten-Pickles (Tipp) 58
Ribeye-Steaks, gegrillte 128
Rinderbrühe mit Einlagen 10
Rinderfilet, gebratenes, auf buntem Gemüse 90
Rinderrouladen 30
Roastbeef mit Remoulade und Kartoffelspalten 58
Rosa gebratener Rehrücken auf Wacholderrahm 97
Rotbarsch, gebackener, mit Kartoffel-Gurken-Salat 14
Rote Grütze mit Joghurt-Vanille-Sauce 36
Rumrosinen (Tipp) 38
Rumtopf-Parfait (Variante) 137

S

Saiblingsfilets auf Gurken-Ingwer-Salat 79
Saltimbocca mit Spinatsalat 157
Schokoladensoufflé mit Gewürzsahne 98
Schokomousse mit eingelegten Kirschen 65
Schweinefilet mit Apfelrahmkraut 91
Schweinemedaillons auf Pilzrahmsauce 33
Schweinenacken, glasierter, mit Kartoffelecken 128
Schweinshaxen mit Krautsalat 60
Seeteufel und Scampi auf Tomatenragout 156
Selleriesalat 85
Smoothie, bayerischer 64
Spargel mit Morcheln und Sherry 89
Spargel, gebratener 89
Spargel, grüner, in Südtiroler Speck 114
Spitzpaprika, gefüllte, mit Feta 114
Strammer Elmar 56
Suppe von weißem und grünem Spargel 149

T

Tafelspitz mit Rahmspinat und zweierlei Kren 20
Tiramisu mit Mandelkrokant 99
Tomaten-Basilikum-Sauce in Variationen (Tipp) 16
Topfenknödel, gebratene, mit Rumtopf 66
Trüffelkuchen mit Birnen und Cranberrygelee 138

U/V/W

Überbackener Zander mit Kohlrabi und blauen Chips 80
Vanilleparfait 137
Wasabi-Joghurt (Tipp) 146
Wassermelone, gegrillte, mit Prosecco-Sabayon 164
Weißwürste, gegrillte, auf Chili-Rahm-Kraut 126
Wiener Schnitzel mit Bratkartoffeln 32
Wildschweinragout mit gemischten Knödeln 96
Würstelgulasch mit Kartoffeln 133

Z

Zander, überbackener, mit Kohlrabi und blauen Chips 80
Zimtspieße mit Garnelen 113
Zimtspieße mit Garnelen und Zander (Variante) 113
Zitronengras-Spieße mit Forelle 116
Zitronen-Orangen-Butter 112

Wegweiser zu den Sendungen

A ganze Gans

Ganze Gans mit Kartoffelknödel, Selleriesalat
und Blaukraut (Festlicher Gänsebraten)   82ff.

Ganserlsuppe mit Leberpflanzerln   74

Hummer & Fisch

Zweierlei vom Hummer:
Hummersuppe mit gebratenem Blumenkohl   150
Hummersalat mit Cocktailsauce   142

Goldbrasse mit Safranrisotto
und Kräuterspinat   154

Sonntagsbraten

Burgunderbraten mit
Kartoffel-Artischocken-Gröstl   26

Filet Wellington vom Hirsch mit
Aprikosen-Senf-Sauce   34

Allerhand vom Grill

Gegrillte Ribeye-Steaks   128
Zitronengras-Spieße mit Forelle   116
Zimtspieße mit Garnelen   113
Gefüllte Spitzpaprika mit Feta   114
Kräutermayonnaise   110
Barbecue-Sauce   110
Mango-Chutney   110
Nürnberger Krautwickerl   130
Grüner Spargel in Südtiroler Speck   114
Filetspieße vom Schwein   134

Europabüfett

Carpaccio mit Parmesan-Chip   72
Quiche Lorraine   42
Roastbeef mit Mixed Pickles,
Remoulade und Kartoffelspalten   58
Strammer Elmar   56
Crema catalana   62

Bayerisches Büfett

Schweinshaxen mit Krautsalat   60
Kürbissuppe mit Brezen-Croûtons   46
Forelle mit Pichelsteiner und
Liebstöckelpesto   76
Gebratene Topfenknödel mit Rumtopf   66

Heute lassen wir es krachen!

Jakobsmuscheln mit Rote-Bete-Cassis-Mousse 146
Chateaubriand mit Morchel-Remoulade 160
Gegrillte King Prawns
mit Avocado und Papaya 152

Party-Schmankerl

Frittierte Calamari 118
Partysalate im Weckglas:
Garnelen auf Rahmgurken 104
Maultaschensalat 104
Gegrillte Weißwürste auf Chili-Rahm-Kraut 126
Piña-Colada-Suppe 48

Was perlt und prickelt

Champagnergelee mit Forellenkaviar 144
Filetspitzen mit Rosé-Champagner 158
Gegrillte Wassermelone mit Prosecco-Sabayon 164

Was zum Bier passt

Fischnuggets mit rotem Paprikapesto 120
Knusprige Hendlkeulen
(mit Süßkartoffelchips) 122
Glasierter Schweinenacken
(mit Kartoffelecken) 128

Bayerischer Brunch

Bayerischer Smoothie 64
Omeletts mit Gemüse-Würstel-Gröstl 54
Filetsteaks (mit Gewürzbutter) 124
Himbeer-Käsekuchen (Himbeer-Cheesecakes)
im Glas 68

Bayerisches Sternemenü

Überbackener Zander mit Kohlrabi
(und Petersiliensauce) 80
Kalbsfilet in der Brotkruste mit Pilzgröstl
(und Rotwein-Kirsch-Butter) 92
Marmorierte Bayerische Creme 100